U0598291

丝绸之路话丝绸

李建华 著

图书在版编目(CIP)数据

丝绸之路话丝绸 / 李建华著. — 杭州：浙江大学出版社，2019.1

ISBN 978-7-308-18813-5

Ⅰ. ①丝… Ⅱ. ①李… Ⅲ. ①古丝绸－介绍－中国 Ⅳ. ①K876.9

中国版本图书馆CIP数据核字(2018)第284048号

丝绸之路话丝绸

李建华 著

策　　划 张　琛 包灵灵
责任编辑 包灵灵
责任校对 陆雅娟 董　唯
封面设计 陈建波
出版发行 浙江大学出版社
(杭州市天目山路148号 邮政编码310007)
(网址：http://www.zjupress.com)
排　　版 陈建波
印　　刷 浙江海虹彩色印务有限公司
开　　本 787mm×1092mm 1/32
印　　张 7.75
字　　数 135千
版 印 次 2019年1月第1版 2019年1月第1次印刷
书　　号 ISBN 978-7-308-18813-5
定　　价 36.00元

序　一

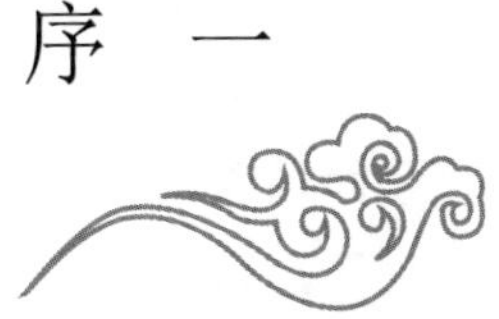

唤醒丝绸历史

“丝绸之路话丝绸”，这是一个历史凝重感极强的当代大话题。

泱泱华夏，是以农耕文明为基础发展起来的，其对生命的寄托、实践、体验，有自身的许多特点，这与以狩猎、游牧为主的其他文明的发展轨迹有很大不同。

蚕桑，是中华先民们极富想象力的发明创造。古代的贤能之士将此写进不朽诗句中：“今我何功德，曾不事农桑。”（白居易《观刈麦》）他们深信，农桑是生活之本。

从生活的最基本处，提取养分、精华，再提升、创造，发展出一种能让后世子孙，乃至世界人民都能分享的“公共产品”——丝绸，这是中华先民们了不起的贡献。先民们如何在大自然万物中，独独发现了食桑吐丝之蚕？由此开始，再把蚕丝变成华美绝伦的丝绸？这是“丝绸之谜”，也是它永恒的迷人之处。作者李建华和浙江大学余潇枫教授，把丝绸的特点归纳成“至美、至柔、至贵”，真是点睛之笔。

在当代重新发现和感受历史，这是当下中国人的时代担当。我做国际关系的教学和研究多年，有机会和国际上许多知名人士接触和交往。记得在2003年时，我见到曾任美国总统的布什先生（老布什）。当时我送了他一套用丝绸印制的《孙子兵法》，是杭州万事利集团的产品。记得他边上还有时任美中关系全国委员会主席的何立强先生。两位美国人士手捧这套丝绸上的“中国文化”，其惊叹与赞美之状，我至今记忆犹新。丝绸文化，显然已经超出物质层面，而到达精神层面；从单纯的视觉与手感，到达精神的愉悦和钦佩。中国风范，自然有丰富的历史内涵做底蕴，也更需要当代创新与展示。

历史的积累，是一代又一代沉淀下来的。要在当代“唤醒历史”，需要有文化自觉和文化自信。本书的作者李建华先生，是一位真正的“中国丝绸人”。

这不仅仅是因为他学丝绸，做丝绸，更因为他一直在探索、苦寻丝绸背后的历史与文化，努力解读丝绸这一“至美、至柔、至贵”文化瑰宝背后的历史密码。他为此真正地去读万卷书，行万里路。这次在中央电视台《百家讲坛》栏目上，李建华先生用6件丝绸国宝，生动地讲述了从汉晋、隋唐，一直到清代发生在丝绸之路上的故事。他是一位讲故事的能手，语言平实易懂，不过最令人感动的，是他作为一位中国丝绸人的情怀与担当，这使他不断超越自我，成为一位有品位、懂鉴赏的丝绸文化人，或说是文化丝绸人。李建华先生这样的“跨界”，给我们许多启示，因为这种人生升华，既是时代赐予，也是自我修炼，两者缺一不可。

季羡林先生在谈及中外文化交流时，说过许多至今仍令人寻味的话，其中的一点是，无论由中及外，还是由外及中，凡是要在文化交流中做成事的人，“往往都身怀绝技”。我想这是非常重要的一个提醒。

丝绸这篇融合古今中外巧思匠心的大文章，能否借当代世界科技发展之力，又乘今日中国与世界交流之网越织越密之机，为人类文明展开一页新的华丽篇章呢？

袁明（北京大学燕京学堂院长）

2018年5月于北京

序　二

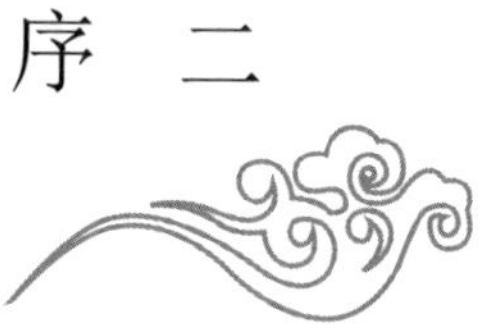

构筑通向幸福未来的新的丝绸之路

在人类发展史上，没有比和平的交流交融更美好的了。

生活在世界各个角落的人，由于地理和历史的原因，有着各异的生活方式和生活状态。他们通过不同的方法认识自然，用不同的方法谋求生存和发展，各自展现出高超的智慧，色彩纷呈，各臻其妙。人与动物的最大区别就是人善于学习。通过学习积累知识，用智慧丰富自己的生活手段。通过学习，获取前人或他人的知识，使之成为自己的工具和能力。交流是相互学习，交流思想，交换知识，交换智慧成果。

交流使人打开了眼界，扩大了活动空间。通过交流，可以享受更丰富的物质产品，使生活更加丰富多彩，也可以学会更多的生活手段。

不同地区、不同族群之间的交流有着各种各样的方式和通道。其中有一条引人注目、延绵数千年，使东西方大受其益的通道，就是丝绸之路。在德国人李希霍芬为之命名之前，它就一直存在着，在命名之后它依然存在着。这一命名实在太精彩，不仅在于它捕捉到了这条路上重要的流通物——丝绸，还在于丝绸对于这条道路的象征意义，对这条道路寄予的美好希望。丝绸尊贵而华美，柔软而又坚韧。以它铺成道路，结成网络，可以连接不同肤色、不同语言、不同文化的人们，为之披上美丽的光彩。丝绸之路在人类文明发展史上，曾经发挥过重要作用。蚕丝是中国人的伟大发现，丝绸是中国人的伟大创造。丝绸之路使“丝绸”这一美好的事物得以让世界各地的人共享。在丝绸之路上，在丝绸之路连接的国家和地区，上演过许许多多美好的故事。

本书作者是丝绸专家，也是丝绸文化学者，对丝绸充满了感情，当然，也就对丝绸和丝绸之路上的许多故事了如指掌。而且，他是个讲故事的高手。几年前，他曾经在央视《百家讲坛》讲述《〈红楼梦〉丝绸密码》，以其角度新颖、故事鲜活、富有文化内涵而引起广泛关注。后来以讲稿为基础编写的图书，也一时洛阳纸贵。最近，他再次现身央视《百家讲坛》，讲述丝绸之路与丝绸的故事，而且结集为书以飨读者。

丝绸和丝绸之路上的故事太多，要把最具代表性的故事讲给大家，也不是一件容易的事。

故事的主角是丝绸，故事的内容则无不与丝绸之路相联系。丝绸为什么神奇？织造丝绸的技术精绝在哪里？两千年前的古人竟然能够织出薄如蝉翼的丝织品？在新疆出土的汉代“五星出东方”织锦护膊，背后藏着什么秘密？为什么源自非洲狮子的形象，频频出现在隋唐的丝织品上？法门寺地宫和敦煌的藏经洞与丝绸之路有什么联系？还有，受宠于清宫的画师意大利人郎世宁，他从海上丝绸之路上带来了什么？如同剥茧抽丝，作者细致巧妙地揭开故事的内核，不仅让我们窥见了事物的真相，也启发了我们对历史和文化的深刻思考。

作者讲述的是古老的故事，但他的着眼点却是今天活跃的丝绸之路。作者曾经骑着骆驼深入沙漠，实地考察陆上丝绸之路和周边国家的风情，也曾乘船体验海上丝绸之路的风光。在他的故事里，你总会感到跃动着的时代脉搏。丝绸把世界的人心连在了一起，提醒大家共同建设一个和谐美好的世界。文明从来不是孤立发展的，丝绸之路是经济文化交流融合的纽带，也是交流感情化解冲突的通道。凡是丝绸之路畅通时代，一定是国力昌盛、经济繁荣的时代，也一定是相关国家和睦相处的时代。同样，只有各国之间维护好和平，保证丝绸之路的通畅，才能赢得共同的繁荣和发展。本书所讲的一个个故事，是丝路历史的生动例证，也是面向未来的思考。现代化的交通手段，使沙漠上的酷暑严寒再也难以对旅行者构成威胁，波涛汹涌的大洋大海也已经成为坦途。地球越来越小，人们可以更容易地走到一起，世界各国人民的利益关系也越来越密不可分。在此时，我们更加需要弘扬丝路精神，更加需要珍惜和平，让人类古老的智慧绽放出新花，让至贵至美的丝绸再次充满活力，共同构筑通向幸福未来的新丝绸之路。

是为序。

毛佩琦（中国人民大学博士生导师、教授）

2018 年 6 月 10 日于亚德里亚海西岸之帕多瓦

序　三

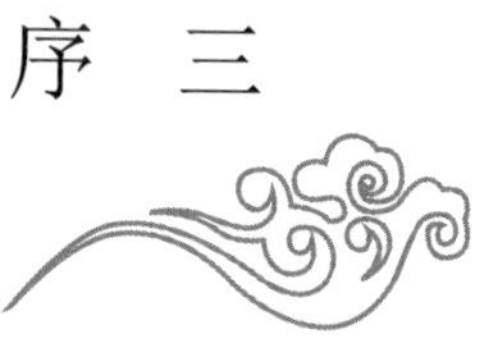

丝绸精神与人生品位

“小小的蚕，吐出丝，结成茧，织成绸，贯通了千年中华文明，网罗了东西数百个特色国家，在不久的将来，承载中华智慧的丝绸精神，还将织就人类命运共同体的全新蓝图！”这是万事利丝绸文化股份有限公司董事长李建华，在中央电视台《百家讲坛》的《丝绸之路话丝绸》系列节目中的深情道白。

李建华是懂丝绸的文化人。作为苏州丝绸工学院毕业的高材生与在浙江大学EMBA班深造过的企业家，他把丝绸产品做成了文化商品。李建华努力把中华文化与现代科技融入丝绸产品之中，使丝绸产品成了具有美化、教育、养生、和谐、情谊等内涵的高档文化产品。2014年，他在中央电视台讲述了《〈红楼梦〉丝绸密码》，并先后出版了“柔软的力量”丝绸文化丛书《字说丝绸》《话说丝绸》《〈红楼梦〉丝绸密码》《丝路密码》，以及100万字的蚕桑丝绸资料史册《神州丝路行》，给中国的丝绸产品赋予了极其丰富的历史与文化内涵。由此，他常被称为“丝绸文化专家李建华老师”。

李建华也是懂文化的丝绸人。作为中国丝绸行业的领军人物，李建华能从文化的视角对丝绸精神做出独到的诠释，成立了“万事利丝绸文化博物馆”，组建了“浙江省丝绸文化研究会”，还创建了弘扬丝绸文化的“万事利大学”，并持之以恒地将中国丝绸之美传递给世界。万事利不仅重视传统文化的研究，而且还重视现代科技的运用。目前，万事利自主研发的双面数码印花工艺，领先国际水平，开辟了全球数码印花的新纪元。

李建华是把中国文化元素完美导入丝绸产品的创业者，也是把中国的丝绸品牌完美引入世界的开拓者。当许多中国丝绸企业衰落之时，万事利崛起了，并与法国具有百年历史的丝绸企业MARC ROZIER达成战略合作，如今已有多家世界顶级奢侈品公司主动上门来与万事利合作。他的企业发展模式从以产品为起点，转向了以文化传播为起点。

李建华夫妇都曾是我 EMBA 班上的学生，之后我们成了朋友。李建华经常与我探讨最新管理理念，我也经常与他切磋最新解难之道。我们共同概括出丝绸精神的核心是“至美、至贵、至柔”，而这也正是我们所要共同追求的人生品位。

李建华曾用一句话道出他的成功奥秘：“讲好中国丝绸故事，在帮助他人发展中获得自己的发展。”中国需要千千万万像李建华这样的创业者。

是为序。

余潇枫（浙江大学教授）

2018 年 5 月于杭州

前言

自2013年“一带一路”倡议提出，“丝绸之路”重新唤醒了沿线国家的历史记忆和强烈共鸣。丝绸之路，是最早最重要的东西方交流通道；丝绸，是连接东西方文化交流的纽带。谈丝绸之路，又怎么能离开丝绸呢？和丝绸打了一辈子交道的我，也参与到研究丝绸之路文化的热潮中。

2015年，我用“互联网+”的方式，推出了一档丝绸文化脱口秀节目《丝路密码》。每天用五分钟，在移动互联网端为大家讲述一个丝绸之路上鲜为人知的故事。集腋成裘、聚沙成塔，《丝路密码》在推广丝绸文化的同时，也是一次自我知识更新的过程。每一次与古籍相逢、每一次在镜头前讲述，都让我越来越贴近真实的丝绸之路，而每一次对丝绸之路的新理解、新体会，也带给我莫大的精神喜悦。这种喜悦不断地滋养着我内心那颗丝绸文化的种子。

2017 年 5 月，“一带一路”国际合作高峰论坛在北京召开，这次峰会无疑是当年的重大事件。之后，我再次收到了《百家讲坛》栏目组的邀请，要求我从丝绸的角度阐述丝绸之路，以此作为纪念峰会召开一周年的特别节目。收到邀请，我既高兴又犹豫，我不仅是个丝绸文化学者，也是企业家，公司正处于发展的关键阶段，每天都有许多公务要处理。在这个阶段，要做好“丝绸之路”这个大课题的研究，说是自虐也不为过。左右摇摆时，心里却总有一个微小却坚定的声音说“试试吧”。

再三思考之后，我遵从内心的声音，接受了挑战。我的丝绸之路故事究竟要从何讲起？毕竟这个课题的时间跨度之长、地域跨度之大、涉及学科之多，都是难以想象的，究竟如何讲述才恰如其分呢？

“读万卷书，行万里路。”不如就重走一次丝绸之路，用脚步和心灵去感受丝绸之路。从丝绸之路的起点——西安开始，一路向西，敦煌、吐鲁番、乌鲁木齐、喀什，每到一处我都参访当地博物馆，寻找当地博物馆或考古所的专家交流，不断寻访、追问、思考。为了追寻丝绸国宝的足迹，我还走到了中国台湾地区以及日本、法国、美国……走的路越多，越觉得丝绸之路太浩瀚，看得越多，越觉得中国丝绸太美丽，交流得越多，也越觉得可研究的内容太丰富。从东到西，从南到北，从国内到国外，走了几千公里之后，我选择了六件与丝绸之路紧密相连的丝绸国宝为切入口。我相信每一件文物都带有时代烙印，解开了藏在它们背后的密码，也就窥测到了那个时代的气息。从这六件丝绸国宝入手，从它们的织造技术、花纹图案、创作背景等，来揭示丝绸之路对丝绸织造的影响，来探索丝绸之路对那个时代商贸交流、文化融合、人们意识形态的影响，把握到丝绸之路与时代发展关系的脉搏。

丝绸之路，是一门跨学科、综合性的学科体系，它涉及政治、经济、历史、宗教、艺术、民族等多个学科，所以诠释它的方式也有千千万万种。因此，这六个短短的篇章远不能将其诠释得全面立体，但却提供了一个解读“一带一路”“丝绸之路”不能缺少的视角——丝绸的视角。希望我的讲述能为大家打开一个丝绸和丝绸之路的窗口，如果您有兴趣继续去探索，必定会发现一个无比斑斓夺目的经纬天地。于我而言，那也是功德无量了。

《丝绸之路话丝绸》节目以及这本小书能形成，

要感谢家人及很多好友、前辈的帮助和支持。感谢宋锦非遗大师钱小萍为本书封面提供的“五星出东方利中国”织锦护膊的复制品；感谢云锦非遗大师戴健悉心讲解丝绸织造的专业知识；感谢陕西师范大学教授胡戟、湖南省博物馆党委书记李建毛、西安市文物局局长马锐、大唐西市博物馆馆长王彬、法门寺博物馆原馆长韩金科、新疆文物考古研究所所长李文瑛等各位专家给予的专业指导；感谢新疆维吾尔自治区博物馆馆长于志勇、敦煌研究院副院长罗华庆提供的研究资料；感谢杭州电视台徐涛和张斌老师、浙江大学余潇枫教授在语言艺术和创作思路上给予的指导。此外，由衷感谢我的同事们在工作和研究上的协助和帮助。

这些只是我丝绸文化研究阶段性的工作总结，而非终点。如同背着丝绸行走在丝绸之路上的商人，穿越沙漠戈壁后，稍作休息继续往前，一站一站把丝绸传到西方；而走在传播中国丝绸文化路途上的我，也将继续一步一步走下去，让世界重新爱上中国丝绸，这是我的使命，也是我的丝绸之路！

李建华

2018 年 5 月

目录

第一讲

探秘马王堆素纱单衣

2014 年 6 月 22 日，在卡塔尔首都多哈召开的联合国教科文组织第 38 届世界遗产委员会会议的现场，随着落槌声响起，中国的“大运河”项目以及中国、哈萨克斯坦、吉尔吉斯斯坦跨国联合申报的“丝绸之路”项目正式列入《世界遗产名录》。至今，我还清晰地记得当年听到这个消息时，心情无比激动。一个是千年流淌的大运河，流经了生我养我的肥沃土地；另一个是连通世界的丝绸之路，成就了东西方文化、商业交流融合的大动脉。正是通过丝绸之路，世界认识了柔软的中国丝绸，认识了深厚的中华文化，认识了中国——这个神秘的东方古国！

那么，究竟是谁第一个踏上了“丝绸之路”？也许很多人会说，张骞。公元前 2 世纪，张骞出使西域，开通了赫赫有名的丝绸之路。但根据《史记·西南夷列传》记载，当年张骞出使西域，来到大夏，也就是今天阿富汗的北部。他有一个重大的发现。什么发现呢？他在大夏国见到了蜀布与邛竹杖，由此断定中国西南有一条通往域外的古道。也就是说，早在张骞之前，民间肯定已经有商人、旅客，在这条古老的西南商道上往来贸易了。既然史料有确凿记载，那为什么现在多数人还认为张骞是走丝绸之路的“第一人”呢？准确来说，张骞是出使西域的第一位“官方使者”，确实有“凿空”的意义。

> 及元狩元年，博望侯张骞使大夏来，言居大夏时见蜀布、邛竹杖，使问所从来，曰“从东南身毒国，可数千里，得蜀贾人市”。或闻邛西可二千里有身毒国。骞因盛言大夏在汉西南，慕中国，患匈（奴）隔其道，诚通蜀，身毒国，道便近，有利无害。于是天子乃令王然于、柏始昌、吕越人等，使间出西夷西，指求身毒国。至滇，滇王尝羌乃留，为求道西十余辈。岁余，皆闭昆明，莫能通身毒国。
>
> （《史记·西南夷列传》）

第二个问题，“丝绸之路”究竟是什么时候出现的？既然第一个走丝绸之路的人是谁，这个问题都说不清楚了，关于“丝绸之路”是什么时候出现的，似乎就更加没有答案了。但考古学家们的发现，又给我们带来了新的线索。20 世纪 30 年代末至 50 年代，在阿尔泰山北麓巴泽雷克墓地中发现了战国时期的中国织锦和刺绣。巴泽雷克地处永久冻土地带，这样的自然条件让年代如此久远的丝绸文物得以完好地保存下来。在巴泽雷克发现的丝绸一共有五件，其中三件是比较普通的平纹织物，一件是几何纹的织锦，一件是蔓草鸟纹的刺绣。2017 年底，湖南省博物馆重新开放后，我专门去过。在参观交流过程中，专家对比了巴泽雷克出土的蔓草鸟纹刺绣的纹样和湖南省出土的战国刺绣的纹样，发现风格非常相似。这说明中国丝绸早在战国时期就已经由中原走向了世界。张骞出使西域是公元前 2 世纪，而这批丝绸文物反映了公元前 4 世纪至公元前 3 世纪左右东西方文化交流的大致情况。波斯文化、中国文化和本地斯基泰草原艺术在阿尔泰山区交相辉映[1]。一下子，丝绸之路存在的时间，又往前推了几百年。

巴泽雷克刺绣

巴泽雷克刺绣与战国刺绣

虽然今天我们不知道，丝绸之路究竟存在了多少年。不过，“丝绸之路”这个名字的出

1 林梅村，《丝绸之路考古十五讲》，北京大学出版社 2006 年版，第 52 页。

现，非常明确，没有两千多年。到底是多少年呢？只有一百多年。1877 年，德国地理学家斐迪南·冯·李希霍芬出版了一部五卷的鸿篇巨制，名为《中国——亲身旅行的成果和以之为根据的研究》[1]。在第一卷中，他首次提出了“丝绸之路”这个名字，并在地图上做了标注。他把“从公元前 114 年至公元 127 年，中国与中亚、中国与印度之间，以丝绸贸易为主的交通道路”命名为“丝绸之路”。也就是说，在这之前“丝绸之路”这个名字是不存在的。有意思的是，这个名字一经提出，很快得到了东西方学者的一致认可，而且“丝绸之路”的概念不断被后人延长、拓展！

第三个问题，为什么这条古老的商道被李希霍芬以“丝绸”冠名，而不是叫“玉石之路”“茶叶之路”“陶瓷之路”？为什么至今找不到第二个词，能代替“丝绸之路”？这个问题很有意思，值得我们来研究一番。

要回答清楚这个问题，还是要先回到两千年前的汉代，去看看当时的情况。公元前 119 年，中郎将张骞再次踏上丝绸之路，代表大汉王朝出使西域。这次，为保证外交活动的成功，他向汉武帝申请了一大批物资。什么物资呢？根据《史记·大宛列传》记载：“天子以为

1 F. Richthofen. China: Ergebnisse eigener Reisen und darauf gegründeter Studien. Erster Band. Einleitender Theil, Berlin: Dietrich Reimer,1877.

然，拜骞为中郎将，将三百人，马各二匹，牛羊以万数，赍金币帛直数千巨万，多持节副使，道可使，使遗之他旁国。”[1]这里的“帛”，指的就是“丝绸”。这是第一次有文字记载的在丝路上出现的大批量丝绸。“赍金币帛直数千巨万”，这九个字非常有价值！我认为，它们透露了两个关键信息。第一，汉朝的国力是强盛的。短时间内能调集如此大批量的丝绸，作为张骞再次出使西域的外交礼品，说明汉武帝的国库是十分充盈的。第二，西域各个国家喜欢丝绸。因为当时西域各国没有丝绸，也不会生产丝绸。丝绸，至美、至贵、至柔的永恒品质，跨越了民族，跨越了国界，跨越了文化，受到全世界人民的认同。张骞的这次外交活动显然是成功的，从此“凿空西域”被写入历史！这条连通中西的商道，被开辟了出来；丝绸，也成为这些商道上最好的外交礼品、最受欢迎的商品，开启了世界历史上第一次大规模的文化商贸交流。

张骞带去西域的丝绸究竟什么样呢？这些丝绸是色彩斑斓、五颜六色的，还是光滑柔软、雅洁细腻的？可惜今天已经看不到了。不过，我们可以通过同一个时期的丝绸文物，体会一下汉代丝绸究竟达到了怎样的水平，

1 〔汉〕司马迁，《史记》卷一百二十三，中华书局 1963 年版，第 3168 页。

素纱单衣

想象一下汉代丝绸究竟是什么样子的。

也许您听说过，汉代有一件丝绸国宝可以塞进一个小小的火柴盒里。它就是全世界最轻薄的一件衣服——素纱单衣[1]。这件举世瞩目的素纱单衣，是什么时候在什么地方发现的呢？1972年到1974年，我国考古工作者先后在湖南长沙马王堆发掘了三座西汉时期的墓葬，一时间轰动海内外。这三座墓葬的主人分别是西汉初期长沙国丞相轪侯利苍，利苍的妻子辛追夫人和利苍的儿子利豨。在利苍的妻子辛追夫人的墓葬中，考古工作者发现了这件闻名天下的素纱单衣。素纱是我国古代丝绸

1　单衣：单层的长衣，是一种上层人士平日所穿的单层罩衣，秦汉时期比较流行。

中出现得最早的一种织物。它的特点是纤细、稀疏方孔，是一种十分轻盈的平纹织物。那素纱单衣究竟有多重呢？这件衣服只有 48～49 克重。它袖口、领口的边是绒圈锦做的。如果把袖口、领口的边去掉，衣服只剩下 25 克，就是半两。

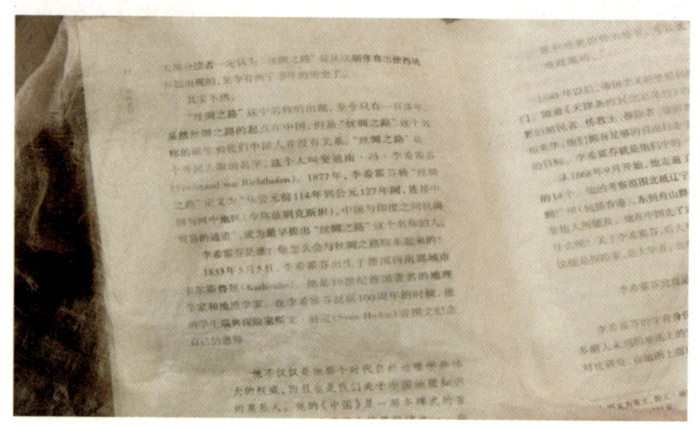

素纱的仿制品

上图所示的是素纱单衣中素纱部分的仿制品。把素纱的仿制品铺在书上，书上的每个小字都可以看得清清楚楚。如果将素纱的仿制品拿在手上，仿佛手中飘起了一阵烟雾，几乎感觉不出重量，可以毫不夸张地用“薄如蝉翼、轻若烟雾、举之若无”来形容。

为什么素纱单衣会如此轻薄呢？经过测定，这件衣服上单根丝的纤度一般在 10.2～11.3 旦尼尔。而我们今天普通的丝绸制品，单根丝的纤度一般是 20 旦尼尔，相差了几乎一倍。旦尼尔是表示丝纤维粗细的计量单位，它代表9000米长的纤维的重量克数。因此旦尼尔越小，纤维就越细。10个旦尼尔左右的丝，折算一下，1000米长的一根丝大约只有1克重。这样细的丝，自然比头发丝还要细。细，这个汉字的造字本义，就是形容丝线微小。如下图所示，这个字的篆文左边是个绞丝旁，右边是一粒蚕茧抽出了一根蚕丝，非常形象。可见蚕丝是古代当之无愧最细的纤维。

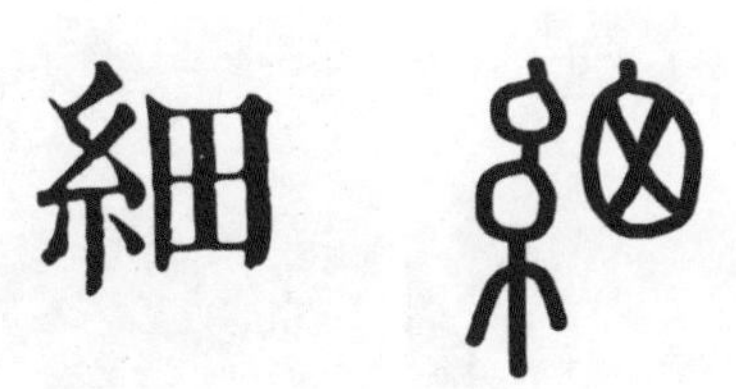

篆文的“细”字

轻薄的素纱单衣，让世界叹为观止！不过，马王堆为我们带来的远不止辛追夫人的素纱单衣，而是为我们打开了一座汉代的“丝绸宝库”！它是汉代丝绸技术高峰的一个坐标点。在辛追夫人的墓中，大部分的丝绸随葬品保存在墓边箱里的6个竹笥之中。除了15件相当完整的丝绸单、夹绵袍子、裙子、鞋子、袜子、手套，这批丝绸随葬品还有46卷丝绸面料，包括纱、绮、罗、绢、锦和绣品，简直就是一场让人眼花缭乱的时装秀。正是这些马王堆出土的丝绸文物，让我们对 2100 多年前汉代丝绸的成就，有了一个全面的了解。而且我认为，马王堆辛追夫人墓中出土的丝绸制品，完全不亚于一场现代的时装秀。为什么这么说呢？

马王堆辛追夫人墓出土的丝绸制品

第一，材质精良。考古专家通过多种现代化的测定方法，证实了这些马王堆出土的丝绸文物的原材料都是百分百家养桑蚕丝。这说明汉代老百姓已经熟练掌握了蚕的人工饲养技术。而家养的蚕吐出来的蚕丝，也保证了汉代丝绸均匀细腻的品质。

第二，色彩丰富。您猜猜看，马王堆的丝绸文物出现了多少种颜色？不说不知道，一说吓一跳！达 36 种之多！经过研究，使用的颜料有朱砂、绢云母、硫化铅等矿物染料，还有茜草、栀子、靛蓝、炭黑等植物染料，有朱红、深红、深黄、金黄、天青、浅蓝、深绿、银灰、黑色、粉白等颜色，五彩缤纷，并且汉代工匠已经掌握了浸染、涂染、套染和媒染等一整套染色技术方法。这些经过染色的丝绸文物，在地下埋藏了 2000 多年，有些至今依然是鲜艳如初、纯正鲜明，可见当时染色质量之高。

马王堆所用矿物颜料和植物颜料

<table>
<tr><th colspan="2">矿物颜料</th><th colspan="2">植物颜料</th></tr>
<tr><th>名 称</th><th>色 谱</th><th>名 称</th><th>色 谱</th></tr>
<tr><td>朱 砂</td><td>朱红色</td><td>茜草素</td><td>红 色</td></tr>
<tr><td>绢云母</td><td>粉白色</td><td>栀子素</td><td>鲜黄色</td></tr>
<tr><td rowspan="2">硫化铅与硫化汞混合物</td><td rowspan="2">银灰色</td><td>靛 蓝</td><td>蓝青色</td></tr>
<tr><td>炭 黑</td><td>黑 色</td></tr>
</table>

第三，织法多样。这些丝绸的面料并不是只有一种织法，而是有平纹的、斜纹的、绞经的，还有提花起绒的，多种多样。前面提到，素纱单衣领口、袖口边上用的是绒圈锦的工艺。这个工艺制作复杂，是中国最早的起绒组织，也最能反映出当时织造的工艺水平，在纺织研究史中具有特殊的价值。今天常见的平绒、漳绒、天鹅绒，都是以绒圈锦为基础发展起来的。

印花敷彩纱

第四，彩色印花。这一点要详细说明一下。印花技术是染色技术发展到一定阶段的产物。马王堆汉墓中还出土了著名的“印花敷彩纱”和“金银印花纱”，这是迄今为止全世界出土的最早的丝绸彩色印花织物。这在科技史、印染工艺史和雕版印刷史上，都是非常了不起的！印花敷彩纱，简单理解，就是先印花，再手绘。金银印花纱，就是带有

金银印花纱

金色、银色颜料的套版印花。什么是套版印花呢？简单说，准备几套图章，挨个儿盖章，不过定位要定得精准。套版印花是中国古代四大发明中的“活字印刷术”最早的技术源头。也就是说，先有丝绸印花，后有“活字印刷”。而且我们今天的丝绸印花，仍然在使用这个原理。

第五，手工刺绣。在马王堆出土的丝绸文物里，给我留下最深刻印象的、数量最多的是其中的刺绣品。湖南湘绣自古闻名，和苏绣、粤绣、蜀绣并称为中国四大名绣。马王堆的绣品做工精巧、图案复杂，有乘云绣、长寿绣、信期绣……每一种，针法都非常流畅，花纹都非常奇特，体现了当时湖南绣娘们高超的艺术修养和娴熟的技巧。

辛追夫人的衣柜让人大开眼界！因此我认为，这一点都不亚于一场现代的时装秀。虽然时间上，马王堆在前，张骞通西域在后；空间上，马王堆也不在丝绸之路上。为什么我还要举马王堆辛追夫人墓的例子呢？因为辛追夫人下葬的时间是公元前 168 年，大约五十年之后张骞第二次出使西域。这两件事发生在同一个历史时期。了解了马王堆这个汉代丝绸的坐标点，我们就能够想象五十年后，在丝绸之路上早期中国丝绸的大致面貌；能够想象张骞出使西域，所带去的丝绸外交礼品的大致水平。了解了马王堆丝绸文物的品种多样、工艺精良，我们就能够理解，为什么中国丝绸能成为丝绸之路上最受欢迎的商品，为什么中国丝绸能够开启世界历史上第一次大规模的文化商贸交流！当然，西汉时期的广州南越王墓、北京老山汉墓、河北满城中山靖王墓等地也有丝绸文物出土，虽然这些墓葬出土的丝绸文物不及马王堆汉墓种类丰富，但足可以证明西汉时期中国丝绸技术成熟、使用广泛。

马王堆是个宏观的例子，接下来再举一个微观的例子，说明在丝绸之路上早期中国丝绸的提花水平。张骞凿空西域后，又过了五十年，汉宣帝年间发生了这样一个故事。故事的主人公是一位丝绸纺织高手，她被称呼为“陈宝光妻”。说到陈宝光妻，大家可能比较陌生，不过她确确实实推动了汉代丝绸提花技术的发展。《西京杂记》有这样的记载，陈宝光妻有一门绝技，她可以织出一种特别高级的丝绸，叫作散花绫。书中说“机用一百二十蹑，六十日成一匹，匹直万钱”。

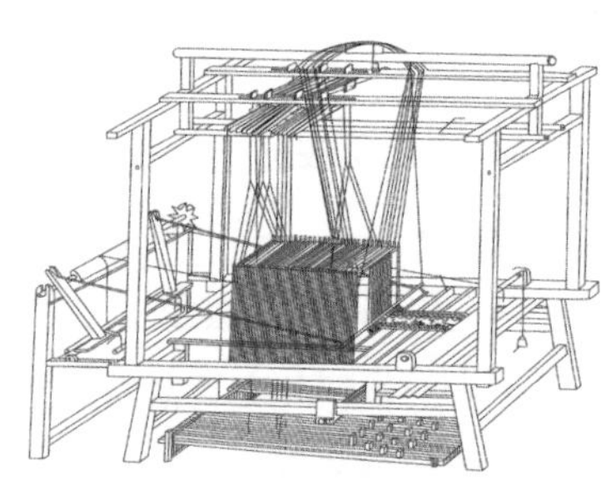
专家复原的织机简易图

左图是专家复原的织机简易图。图上的织机只有十六蹑，而陈宝光妻用的织机是一百二十蹑，应该比图上的织机还要复杂很多。蹑，是织机下面有木钉子的踏板。一个踏板，对应了一个提花的程序。工匠织的时候，不仅手上需要操作，脚上也需要操作，而且脚上动作仿佛弹钢琴一样。一百二十蹑，好比脚下的钢琴有一百二十个琴键。千万别小看了这一百二十个琴键，一般家里普通的钢琴只有八十八个琴键。而工匠织丝绸的时候，一个琴键都不能踩错。踩错了一个琴键，一个提花的程序就错了，丝绸上的花型也就全错位了。不知道《西京杂记》记录这个故事的时候，有没有夸张的成分。但从这个例子，我们可以发现，这个时期中国的提花织机已经非常复杂了！

用脚踩蹑

霍显为淳于衍起第赠金

霍光妻遗淳于衍蒲桃锦二十四匹、散花绫二十五匹，绫出钜鹿陈宝光家，宝光妻传其法。霍显召入其第，使作之。机用一百二十蹑，六十日成一匹，匹直万钱。又与走珠一琲，绿绫百端，钱百万，黄金百两，为起第宅，奴婢不可胜数。衍犹怨曰："吾为尔成何功，而报我若是哉！"[1]

（《西京杂记》卷一）

那散花绫具体是什么样的呢？今天不得而知。不过在唐诗中，我找到了一些描写绫的诗句。比如，白居易在《缭绫》中写道："应似天台山上明月前，四十五尺瀑布泉。中有文章又奇绝，地铺白烟花簇雪。"这个绫就像明月之前从山上挂下来的瀑布清泉，上面的花纹美得令人叫绝，仿佛地上铺了一层白烟，花儿攒成一丛白雪。您想象一下这个画面美不美？还有一句，更把绫写得天上有、地上无，"异彩奇文相隐映，转侧看花花不定"。什么叫"转侧看花花不定"呢？把绫拿在手上，正面看、侧面看，在不同的角度，看出来丝绸上的花纹都是不一样的。所以当时散花绫远近闻名，大家争相抢购，成了名牌畅销品。

1　〔晋〕葛洪集・成林，程章灿 译注，《西京杂记全译》，贵州人民出版社 1993 年版，第 20 页。

缭绫

缭绫缭绫何所似？不似罗绡与纨绮。
应似天台山上明月前，四十五尺瀑布泉。
中有文章又奇绝，地铺白烟花簇雪。
织者何人衣者谁？越溪寒女汉宫姬。
去年中使宣口敕，天上取样人间织。
织为云外秋雁行，染作江南春水色。
广裁衫袖长制裙，金斗熨波刀剪纹。
异彩奇文相隐映，转侧看花花不定。
昭阳舞人恩正深，春衣一对直千金。
汗沾粉污不再着，曳土踏泥无惜心。
缭绫织成费功绩，莫比寻常缯与帛。
丝细缲多女手疼，扎扎千声不盈尺。
昭阳殿里歌舞人，若见织时应也惜。

通过这个故事，我们可以了解到，在丝绸之路形成早期，中国汉代的提花技术已经相当发达。回到前面的那个问题，为什么丝绸之路以“丝绸”冠名？为什么丝绸能成为丝绸之路上最主要的商品？这绝对不是偶然的，而是一个历史的必然。总结一下，有以下三个原因。

第一，丝绸性质独特。丝绸至美、至贵、至柔，它分量轻，价值高，易保存，方便在陆路的艰苦条件下运输。正因为这些特点，丝绸给商人带来了高额的利润。

而且丝绸是中华文化的载体，通过它承载的中华文化艺术之美，让丝路沿线各国人民受到了熏陶，自然而然成了丝绸之路上最主要的商品。

第二，丝绸是货币，还是国际货币。此话怎讲呢？比如货币的“币”字，《说文解字》中是这么解释的：“币，帛也”，也就是说货币的“币”是丝绸的意思。在七千多公里来往不绝的丝绸之路上，沿线国家对丝绸价值的认同是一致的。它是一般等价物，充当了国际货币的角色。行走在丝绸之路上，粮食可能会腐烂。一些小的国家政权更迭，一夜之间，当地的货币可能一文不值。这时一匹匹的丝绸如同今天的黄金一样，就成了当时丝绸之路上的硬通货。翻翻史料，用丝绸充当货币的例子，可谓数不胜数！比如，家喻户晓的唐玄奘西行取经。公元 7 世纪 20 年代，玄奘离开高昌国。高昌王麴文泰资助给他往返二十年的路费，都给了什么呢？根据《大唐大慈恩寺三藏法师传》记载，不仅仅给了钱，除了法服三十套，面衣、手衣、靴袜数十件，黄金一百两，银钱三万，更重要的是，还有绫和绢等丝织物五百匹。显然，这五百匹丝绸，不是给玄奘路上做衣服穿的，而是路费。另一个例子，清代乾隆三十二年（1767），江南三织造为丝绸之路上新疆地区的绢马贸易，一共预备了“各色南省缎绸一万九千二百三十五匹”[1]。这近2万匹丝绸，就是用来交换西域好马的。

第三，最重要的一个原因，生产技术垄断！丝绸是中国人的发明创造，距今已经有五千多年历史。这是世界公认的！而中国人的养蚕历史更长，1926年山西夏县西阴村发掘的仰韶文化遗址中出土了半颗蚕茧，距今已有约六千年的历史，便是最好的实物证明。其实，西方对中国最早的称呼，不是叫“China”，叫什么呢？“Seres”，赛里斯，在希腊语中就是“丝绸之国”的意思。假如今天希腊语能和英语一样流行的话，那我们中国就叫作“丝绸之国”了。我认为，丝绸和四大发明一样，是中华民族对世界的杰出贡献！在西汉，当中国丝绸达到马王堆出土丝绸文物的技术高峰时，欧洲大陆对于丝绸的认知还是一个零！正是这个原因，促成了国际丝绸贸易一边倒的状况。

欧洲人什么时候第一次看到丝绸呢？他们第一次看到的丝绸是一块面料，还是一件衣服？都不是。而是一件武器！

丝绸是如何用来做武器的呢？据记载，公元前53年，发生了一场战争。这场战争就是著名的卡莱战役。

1　档案，《为钦奉上谕事》“乾隆三十四年七月十六日”，官保等题。

就是这场战争，让罗马人第一次见到丝绸。这一年，为了与恺撒、庞培争夺个人荣誉，“古罗马三巨头”之一的克拉苏意气用事，率领军队出征安息国[1]。在这场与安息国的战争中，两万多名古罗马将士阵亡，一万多人被俘，克拉苏本人也被俘自杀。所向披靡的罗马军队，怎么会不堪一击、兵败如山倒呢？原来，两国军队在交战最关键的时候，安息人突然亮出旗阵。霎时间，一大片鲜艳夺目的旗子轮番挥舞，在明晃晃的太阳光下，古罗马士兵完全睁不开眼睛。眼睛都睁不开了，还怎么打仗呢？于是罗马人闭着眼睛，做了安息人的刀下鬼、阶下囚。后来据西方史学家考证，那些鲜艳夺目的旗子就是用丝绸制成的。这就是古罗马人第一次见到丝绸的场景。

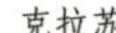

克拉苏

庞 培

恺 撒

丝绸作为武器，导致了古罗马的失败。但罗马人却

1　帕提亚帝国（公元前 247 年—公元 224 年），古代中国史籍译称安息，是亚洲西部伊朗地区古典时期的奴隶制帝国。

从此迷上了中国丝绸。在罗马，中国丝绸还有一位形象代言人。他是谁呢？他就是著名的恺撒大帝！有一次，恺撒大帝穿着一件丝绸长袍去看戏。结果这件“皇帝的新衣”引起了罗马贵族们的一阵骚动。因为从没有见过如此华美、精致的袍子，贵族们没心思看戏了，都在欣赏这件“皇帝的新衣”。恺撒引领的这股“丝绸风”在罗马愈演愈烈。可罗马本身并不出产丝绸，而是要从千里之外的中国进口。丝绸的价格也随之水涨船高。高到什么程度呢？一磅生丝，价值 12 两黄金。也就是说，丝绸和黄金差不多等价。这么贵的丝绸，再富有也用不起啊！西方人还是蛮聪明的，他们想了一个降低成本的办法！什么办法呢？他们把中国的丝绸小心翼翼地拆开，然后再织成更轻更薄、更透明的织物。这个办法，连恺撒大帝的情人埃及艳后克娄巴特拉也用过。她曾经叫尼罗河的能工巧匠，将中国的丝绸用针拆开，重新编织成网眼明晰的丝织长袍。即便如此，也治标不治本，罗马人的钱还是哗哗地往外流。

罗马著名学者老普林尼曾计算过：“每年至少有 1 亿塞斯塔钱被印度、中国和阿拉伯人夺走。”塞斯塔钱，是当时的罗马货币。1 亿塞斯塔钱，相当于 10 万盎司黄金。关键这 10 万盎司黄金，全是贸易逆差。究竟谁赚到了这笔钱呢？它主要进了安息、波斯这些中间商的口袋。这么个花法儿，罗马帝国再富有，也经不起这样的花费。所以，罗马皇帝坐不住了，对内他接二连三地颁布禁令。禁止男性穿丝绸衣服，理由是男性穿丝绸会导致生活不检点。对妇女使用丝绸也作了限制，理由是即使她们发誓没有赤身裸体，也没有人会相信的。罗马对外发动过几次战争，希望打破丝绸之路上诸如安息等中西亚国家对丝绸贸易的垄断，但最后双方互有胜负，仍然治标不治本。怎么办呢？于是，罗马皇帝就想着，如果把中国的蚕桑丝织技术学会，就不用花这么多钱了。

后来，通过丝绸之路的传播，这个技术垄断真的被打破了，欧洲学会了中国的种桑养蚕技术。什么时候学会的呢？蚕桑是如何西传的呢？

在大英博物馆几百万件藏品中，有一件来自中国的珍贵文物，是 1900 年 12 月在新疆和田地区的丹丹乌里克遗址中被发现的。它是一块厚木板，木板上有一幅画，大小和电脑键盘差不多。如果作为艺术品，这幅画并不起眼，因为画中的人物就是几条轮廓线构成的。不过，它的内容至关重要。

什么内容呢？“西天取经”的玄奘把这个故事记录在《大唐西域记》里。古时候，在今天新疆和田附近，有一个丝绸之路上的重要国家——瞿萨旦那国。一开始，瞿萨旦那的老百姓并不会种桑养蚕。当他们听说东边的邻国掌握了蚕桑技术，就派出使者赶去邻国学习。谁知啊，东国的国王不愿意让技术外传，不但拒绝了使者，还下令边关加强守卫，禁止任何人把蚕种偷偷带出国门。瞿萨旦那国的国王碰了个钉子，又不想放弃，于是只能想别的办法。怎么办呢？直接求不到，那就采取迂回战术，以退为进吧！他是怎么做的呢？第一步，国王放低姿态，准备了一份特别的厚礼，让使者恭恭敬敬地把礼物献给东国国王，并且请求把公主嫁到瞿萨旦那国。俗话说，伸手不打笑脸人！东国国王一看又有礼物，又对自己这么毕恭毕敬，而且，他也想与邻国交好，于是就答应了这桩婚事。第二步，迎亲的使者面见东国公主，夸他们的国王颜值高，又能干，国家如何富有，一切都准备就绪了，公主嫁过去可以像在自己国家一样生活。公主听了，非常高兴地问："真的吗？我真的能像生活在自己的国家一样吗？"使者点点头，突然若有所思，话锋一转又说："我们国家什么都好，就是少了一样东西。"公主急忙问："少了什么啊？"使者回答："丝绸！如果您想穿丝绸、用丝绸，要自己带哦。"接着，使者还特意提醒公主，哪怕带再多的丝绸也始终有穿完、用完的一天。以后有了孩子，孩子也没得穿；有了孙子，孙子也没得穿。东国公主一听，傻眼了，这可如何是好？！我一个堂堂的公主，难道结了婚以后，要我穿粗布麻衣吗？使者走了以后，公主想这可不行，我要想个办法。什么办法呢？没过几天，公主出嫁了，送亲的队伍浩浩荡荡来到边关。即使是高贵的公主，边防军士也得按国王的命令，将所有行李一一检查，才敢放行。出关的时候，公主走下来，两手空空，一切看上去都很正常。终于，队伍抵达了瞿萨旦那。国王举行盛大的欢迎仪式。仪式上，公主脱下头上戴的帽子，从帽中取出两样东西，亲自交到瞿萨旦那国王手上说："这是我带给新子民的礼物。"这两样东西，正是瞿萨旦那国王梦寐以求的蚕种和桑籽。聪明的公主把蚕种和桑籽藏在帽子里，带了过来。从此，瞿萨旦那开始种桑养蚕，也能生产丝绸了，公主受到了当地人民的爱戴和拥护。的确，直到今天和田地区依然是新疆最重要的丝绸生产基地，有"丝路绢都"的美称。

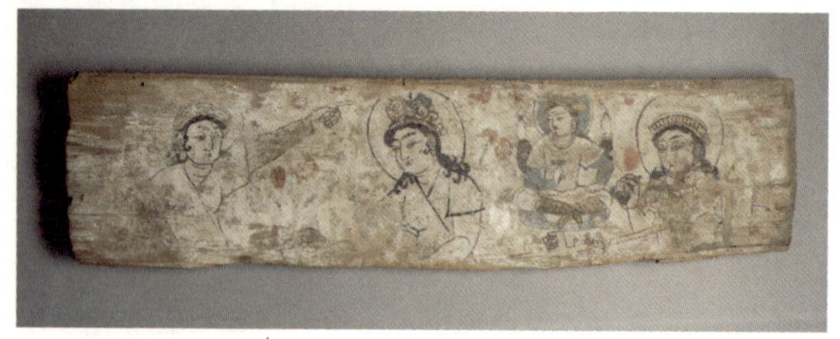

传丝公主木版画

大英博物馆的木版画，记录的就是这个故事。画面正中间就是传丝公主本人，戴着硕大精美的头冠。一看就能明白，头冠是整个故事的焦点。左边有一个女仆动作夸张，她伸出手，指着头冠，似乎在说："快看，快看！

秘密就在头冠里！”在公主和这个女仆中间，有一个篮子，篮子里堆满了蚕茧。在画面的最右边，另一个女仆正拿着纺织工具，辛勤地织绸。除了这三人外，这幅画上还有第四个人物，这个人呢，很有特点。他长着四条胳膊，一手拿着纺织的工具，一手拿着梭子，是个男人。他可能是丝绸神，是整个画面的主宰，也保佑公主成功。

欧洲真正获得蚕桑技术，大约是在“传丝公主”嫁到和田地区一个半世纪之后，也很有传奇色彩。公元553年至554年，拜占庭皇帝查士丁尼接待了两名僧侣。他们从栽桑养蚕比较发达的和田地区带去了蚕种。既然蚕桑技术是国家机密，那和田人民怎么会轻易把蚕种送给外国僧侣呢？当然没那么容易！两位僧侣也是冒着生命危险，把蚕种和桑籽藏在精心研制的竹手杖里，才偷偷带到了东罗马。这个办法和传丝公主把蚕种桑籽藏在帽子里，简直是异曲同工！

前面的两个故事，一个是传丝公主，一个是两位僧侣。这两个故事流传得特别广，直到现在民间依然口口相传，老百姓们还在讲这个故事。一开始，我也觉得这两个故事很真实。但随着对丝绸研究的逐渐深入，我产生了一些疑问，开始怀疑这两个故事的真实性。

我怀疑的理由，主要有三个。第一，距离问题。从中原到欧洲有上万公里的路程，而蚕的生命周期，从蚕到蛹，再到蛾，然后生出下一代蚕种，至少一年孵化一次。暂且不说，东国到底是不是中国。从和田地区到欧洲也有几千公里，僧侣带着蚕种步行这么远的距离，估计人还没到，蚕已经变成蛾子飞走了！第二，数量问题。传丝公主把蚕种藏在帽子里，僧侣将蚕种放在手杖里。那么，一顶帽子、两根手杖，能放多少蚕种桑籽？是的，可以放成百上千的蚕种桑籽！这个数字似乎很多，但是对于蚕桑产业从无到有的发展来说，这个数字太小了，基本可以忽略不计。因为，蚕种到了第二代必须杂交，如果三年之内，一直都是近亲繁殖，会导致蚕种越来越差，最终衰亡。第三，蚕桑丝织是一个系统性的工程。即使距离、数量都不成问题，蚕种真的传到了西方，当地有成片的桑树吗？有懂蚕桑的技术人员吗？没有大片的桑树，没有懂蚕桑的技术人员，光靠一个公主、两个僧侣，也不可能发展蚕桑产业。丝绸产业的转移，从养蚕、缫丝、织绸到印染，是一个非常复杂的工程，需要解决机器设备、技术人员等各种各样的问题。

再举一个当下的例子，就很好理解啦！由于我国东部地区的浙江、江苏等省工业化和城市化进度的加快，土地成本和人工成本不断上涨，大约在 2000 年前后，商务部就决定实施“东桑西移”工程，就是把东部地区传统的栽桑养蚕业转移到西部地区，比如广西、云南、四川等省或自治区。这是一项国家战略，由政府主持并积极推动，投入了大量的人力、物力、财力。时至今日，花了近二十年时间才成了气候。在古代，怎么可能仅凭一两个人，一顶帽子、两根手杖就轻而易举地传了过去呢？因此，我认为一定是一步一步，一站一站，一个城市一个城市向西传播，通过一代又一代人的努力，在汉代丝绸之路开辟六百多年后，中国的蚕桑技术才传到了欧洲。

丝绸之路之所以被“丝绸”冠名，理由是多方面的、顺理成章的。通过丝绸之路，中国教会了世界如何生产丝绸。有来有往，通过丝绸之路，世界也带给了我们更多的艺术灵感、技术启迪。人们通过丝绸相逢相识，通过丝路相知相遇；文明通过丝绸互学互鉴，通过丝路共创共享。

下一讲继续阐述，究竟西方带给我们哪些灵感、哪些启迪？

第二讲

『五星出东方』之谜

说起中国国宝级的文物，我想大家都能数上好几件。2002年1月18日，国家文物局印发了《首批禁止出国（境）展览文物目录》，目录中罗列的64件一级文物被确定为首批禁止出国（境）展览的文物。其中，有的是一级文物中的孤品，有的很容易被损坏，比如马王堆汉墓出土的素纱单衣，大家耳熟能详的《富春山居图》、四羊方尊、金缕玉衣等都位列其中。这64件禁止出国（境）的国宝中，还有一件在丝绸之路上发现的丝绸国宝——“五星出东方利中国”织锦护膊（以下简称“五星锦”）。护膊，就是绑在手臂上，保护胳膊用的。1995年，在全国十大考古发现之一的新疆和田地区民丰县尼雅遗址中，考古工作者在一座墓葬中发现了它。据考证，尼雅就是古丝绸之路上“西域三十六国”之一的精绝国。

“五星出东方利中国”织锦护膊究竟长什么样？为什么它是同品类文物中的孤品？它又凭什么可以成为国宝中的珍品？

众所周知，丝绸是蛋白质纤维，对保存条件有一定的要求。为保护好丝绸材质的“国宝”，这件织锦护膊被常年保存在恒温恒湿无光源的状态之下，世人难得一见。非常幸运，我专门到了新疆，亲眼见到了这件国宝中的珍品！它不大，长18.5厘米，宽12.5厘米，实物只比我们普通人的手掌稍微大一点儿。虽然之前看过照

“五星出东方利中国”织锦护膊

片，也做过研究，还和很多专家交流过，但是，当我第一眼看到真品时，还是被深深地震撼到了！

这件文物让我印象最为深刻之处在于：

第一，色彩。当我第一眼看到这件国宝时，最吃惊的是在地下深藏了1600年的丝绸，竟然像刚刚新织出来的一样，用专业语言来说，色彩饱和度依然很高，感觉时间在这件国宝上好像凝固了。再仔细看，这件国宝上有五种颜色——黄、绿、白、红、蓝的花纹，这五个颜色正好对应了中国古代文明中代表“五星”的五色。其中含义十分丰富！

五星五色对应关系

五　星	金	木	水	火	土
五　色	白	绿	蓝	红	黄

第二，纹样。初看护膊上的纹样很复杂，看不懂。但静下心来仔细研究，发现很有意思，国宝上有连续而不间断的祥云，星辰、祥鸟、瑞兽、白虎巧妙地穿插在祥云之间，有的专家将其称之为“云气动物纹”。具体图案是哪些动物，今天学界仍然存在着不同的看法。

第三，文字。再仔细看，上面还有两行小字“五星出东方利中国”，上下两行是一模一样的，是重复的。这两行重复的文字，背后的信息量是非常大的！其一，从纺织工艺的角度，重复的文字说明花纹是循环的。经过专家的测量，7.4 厘米一循环。花纹循环代表纺织技艺已经非常先进了！织造前必须先编程，然后上织机按程序织锦，一个循环接一个循环。这个原理和今天计算机使用二进制的 0 和 1 语言相似，而我国的丝绸匠人早在几千年之前，就已经熟练使用这个原理了。其二，从中文字体的角度看，这8个字是缪篆体，介于篆书和隶书之间，在东汉末年到魏晋时期十分流行。文字的字体，透露出文物的织造年代可能就是汉晋时期。汉晋时期，西域精绝国有一件织有汉字的丝绸，如同今天丝绸之路上一件写着“中国制造”的商品，体现了古丝绸之路上商贸和文化的交流往来。最后，从文化内涵的角度看，“五星出东方利中国”到底是什么意思？背后又隐藏着什么故事？

要了解“五星锦”，先来了解一下什么叫“锦”？锦，这个字我们很熟悉，许多成语里面都有这个字。比如，前程似锦、锦绣河山、锦衣玉食……可以发现“锦”字多用来形容美好的事物。这又是什么原因？来看看“锦”这个字本身。锦，左边是“金”，右边是“帛”，半边丝绸半边黄金，我理解有两层意思。第一，东汉刘熙《释名》中：“锦，金也。作之用功重，其价如金，故其制字从帛与金也。”[1]意思是，生产织锦工

云锦库金

1 〔汉〕刘熙，《释名》卷四，中华书局1985年版，第69页。

艺复杂，原料成本高，消耗大量的人力物力，价格自然贵如黄金！第二，为了追求华丽的效果，古人把越来越多的黄金织到丝绸里。中国四大名锦之一的云锦，那是真的“一半丝绸一半黄金”，金光闪闪，极致奢华。

尤其，目前存世的明清时期的龙袍，在制作时就织入大量的真丝黄金线。一般一件龙袍用黄金 50 克左右。因此，锦也就是最好、最贵、最高级的丝绸。

龙袍局部

如果锦是所有丝绸品类中最贵重的，那么这件“五星锦”就是目前出土丝绸文物中最珍贵的锦。用一个成语来评价，叫作“登峰造极”。这个评价来自中国织锦大师、宋锦国家级传承人、国家级丝绸专家钱小萍老师。20 世纪 90 年代，钱老师曾经应国家有关单位委托，复制过“五星出东方利中国”织锦护膊等一批丝绸文物。她在不能触摸文物的条件下，先用放大镜仔细观察，然后凭借多年工作经验，分析出每个内部结构的小细节，再把国宝复制出来。一位见过、研究过、制作过无数锦缎的织锦大家，为什么用“登峰造极”这四个字来形容这块巴掌大小的织锦呢？钱老师说，这件国宝是在汉代官营织造里完成的，它是五重平纹经锦，代表了汉代织锦的最高水平，更是一件“孤品”！我给大家翻译一下，什么叫“五重平纹经锦”。第一，五重，简单说就是经线有五层、五种颜色；第二，平纹，就是经线和纬线一上一下相互交织的组织结构。

平纹组织

什么是“经锦”呢？顾名思义，是指由纵向的经线扮演主角，色彩的变化和花纹的显示，全都靠经线的变化来完成，俗称“经线起花”的锦。它的纬线只起配角作用，主要是固定的作用。经锦，是中国独有的丝绸工艺，不过“经线起花”这项工艺今天却不再被使用了。历史上，一个叫何稠的人把它改成了“纬线起花”。何稠何

经锦

许人也？他为什么要改呢？这个问题后面会详细解释。

言归正传，“五星锦”能够成为国宝中的珍品，最关键的原因全在经线上。第一，经线密度高。为了说明经线的密度，这里举一组数字为例。比如，今天穿着的素绉缎真丝睡衣，经线密度为每厘米 130 根经线；男士的斜纹绸真丝领带，经线密度为每厘米 80 根经线；女士的雪纺丝巾，经线密度为每厘米 45 根经线。您猜猜看，这件国宝“五星锦”每厘米有多少根经线？220 根！也就是说，这件国宝的经线密度，达到了我们今天常用丝绸的 2～4 倍。第二，工艺复杂。短短 1 厘米之内，竟然有 220 根经线！如果需要织门幅为 50 厘米的锦缎，那织的时候，每一根纬线就要和上万根经线打交道。古代工匠织造时完全依靠手工，可以想象需要凝聚多少时间、心血和智慧才能完成。第三，经线有五重，也就是五层。需要红色的时候，用红色的经线盖住下面四根；需要绿色的时候，用绿色的经线盖住下面四根。目前所有的织锦文物中，一般都是两重经线、三重经线，只有“五星锦”做到了五重经线。所以它是这个品类中，当之无愧的珍品、孤品。这就是为什么说这方巴掌大小的织锦，简直登峰造极了！它被制作出来的时候，就是当之无愧的国宝！今天更是目前出土的工艺最精湛、技术最高超的经线起花的丝绸制品！

了解了“锦”，那问题又来了。这块汉锦的巅峰之作，为什么会出现在距离古代长安城四千多公里以外的西域精绝国？ 1995 年 10 月，中日两国考古学家们在尼雅遗址开展发掘工作。现任的新疆文物考古研究所李文瑛所长也参与了这次考古活动。和李所长交谈的过程中，可以明显感受到，她是个性格非常坚毅的女子。能够想象，没有这种坚毅的品质，一个女子根本无法胜任艰苦的考古工作。除了珍贵的“五星锦”外，当年考古学家们在尼雅遗址中，还发现了大批中原丝绸文物，如长乐大明光锦、延年益寿长葆子孙锦，以及王侯合昏千秋万岁宜子孙锦等。这些带有吉祥汉字的锦缎，甚至“王侯合昏”这件描述“和亲”的带有政治意味的锦缎，都是

尼雅遗址

在汉代官营织造里制作完成的。这充分说明，自西汉张骞凿空西域之后，精绝国与中原的交流是频繁而紧密的。

这些丝绸，很可能就是中原王朝赏赐给精绝国王的贵重礼物。那精绝国又是一个怎样的国家呢？公元前60年，汉宣帝设立第一任“西域都护”，管辖“西域三十六国”。精绝国就是“西域三十六国”之一。从地图上可以看出来，精绝位于楼兰、于阗之间，扼守着丝绸之路南道的要冲。《汉书·西域传》对精绝国有这样的描述：“精绝国，王治精绝城，去长安八千八百二十里，户四百八十，口三千三百六十，胜兵五百人。精绝都尉、左右将、驿长各一个。”[1] 由此可见，精绝国是汉代活跃在丝绸之路南线上的一个弹丸小国，人口才3360，也就我们现在一个中型住宅小区的人数；能派去打仗的也就500人，一个营而已。比起同时期东边14600人的楼兰，和西边19000多人的于阗，精绝还真挺小。不过别看它国家小、人少，因为地处咽喉要道，东西往来的人必须在这里停留、补给、交易，所以精绝国商贾云集，当地老百姓殷实而富裕。丝绸之路正是由一个又一个这样的绿洲连接而成的，沿途的各个国家、城市都是不可或缺的一环，丝绸之路的商业贸易给当地百姓带来了发展的良机。

此外，从出土的文物可以发现，精绝人使用双语，

1 〔汉〕班固，《汉书》卷九十六《西域传》上，中华书局1962年版，第3880页。

分别是佉卢文和外来的汉字。墓葬中的精绝贵族身上穿着与黄金等价的织锦，用着来自东方的铜镜、漆器，来自西方的琉璃饰品、玻璃器皿，过着非常国际化的生活。这些东西汇聚的舶来品，代表着公元 2—3 世纪亚欧大陆辉煌的物质成就。与之形成鲜明对比的，精绝贵族的日常生活用品，是在当地生产的木盆子、陶罐子、木杈子，又特别地古朴原始，和舶来品形成强烈的反差。我认为，应当感谢丝绸之路的畅通和繁荣，东西方文化在这里交流、碰撞、沉淀，人们才得以享受到外部世界先进的物质文明和精神文明！没有一种先进的文明是孤立生长的，只有经历了交流、碰撞、沉淀的过程，文明才是有生命力、创新力的。

这个富庶的丝路小国——精绝，如今还在吗？很遗憾，它从西汉到两晋，只存在了五六百年就突然消失了。精绝国为什么消失呢？中外专家学者对此有很多分析，有人认为给精绝提供水源的尼雅河干涸，环境变化了；有人认为精绝被其他国家侵略，无力抵抗了；还有人认为是精绝内部有矛盾，王室衰落了……不过，这些看法基本上都属于猜测。由于史料残缺，很遗憾，至今精绝国依然没有向世人揭开它的神秘面纱。

前面介绍了“五星锦”是汉锦的巅峰之作，见证了丝绸之路的通畅与繁荣。然而，它不仅仅只是一件贵重的奢侈品、消费品，它背后所隐藏的文化内涵，更加令人惊叹！这就要从“五星出东方利中国”这 8 个字慢慢道来了。把文字辛辛苦苦织到丝绸里去，有什么特殊的用意呢？有。我要告诉大家，其实还不止 8 个字，有 11 个字。新疆维吾尔自治区博物馆于志勇馆长告诉我，当时在墓主人的枕头旁边，还发现了另一块织锦残片，上面有“讨南羌”3 个字。

我也亲眼见到了这块小小的丝绸残片，果然如于馆长所说，和五星锦的颜色、组织结构一模一样，

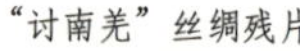
“讨南羌”丝绸残片

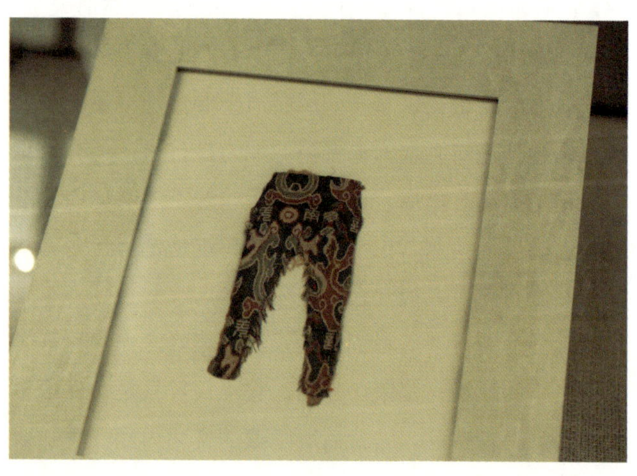

应该是同一块面料被裁剪开的。那11个字连起来就是“五星出东方利中国讨南羌”，它代表了什么意思，背后又有什么故事呢？

在汉代，匈奴一直威胁着中央政权的稳定。许多汉代名将如卫青、霍去病，都是名垂青史、流传千古的英雄。而“五星出东方利中国”也见证了汉朝与匈奴之间的战争，和另一位英雄人物息息相关。这位名将叫赵充国！赵充国我们都不太熟悉，但我们熟悉的成语“百闻不如一见”与他有关！

赵充国是西汉名将，他喜欢学习兵法，善于骑马射箭，也了解匈奴和羌人的作战方法。年轻时，随贰师将军李广利出击匈奴，敢打敢拼，曾经负伤二十多处，受到过汉武帝的嘉奖。公元前63年，汉武帝的曾孙汉宣帝刘询统治期间，位于青海的羌人时常骚扰汉朝边境。匈奴也蠢蠢欲动，派出使者告诉羌人：“张掖、酒泉本我地，地肥美，可共击居之。”[1]意思是，张掖、酒泉本来就是我的地盘，水草肥美，我们可以一起把它抢回来。羌人一听，蠢蠢欲动。汉朝政府知道这件事后可不答应。公元前61年，赵充国领兵“讨了南羌”，平定了羌人叛乱。

1 〔汉〕班固，《汉书》卷六十九《赵充国辛庆忌传》，中华书局1962年版，第2973页。

不过，这次上战场平叛乱时，赵充国已经七十多岁高龄了。人生七十古来稀，本来这个年龄应该在家颐养天年，享受天伦之乐，然而面对国家的需要，赵充国义无反顾，向皇帝毛遂自荐，亲自挂帅领兵。这在古今中外的战场上都是非常少见的。出发前，汉宣帝问他，你要带多少士兵呢？赵充国不慌不忙地回答“百闻不如一见”，意思是听别人说得再多，不如我亲自去前线研究一下，再做判断。赵充国果然是战场上的“老司机”。仔细琢磨一下这句话，说得非常有道理！西域地缘辽阔，骑兵来无影去无踪，不知道真实情况，妄下判断，实在不太靠谱。这就是成语“百闻不如一见”的出处。由此，大家也不难发现，赵充国的确是个有勇有谋、稳扎稳打的将才。

不仅如此，赵充国还特别了解一线疾苦，爱护自己的士兵。抵达前线后，他不急于马上和敌人正面交锋，而是主张通过计谋分化瓦解，能和平解决的，绝不使用武力。正如《孙子兵法》中所云，“是故百战百胜，非善之善者也；不战而屈人之兵，善之善者也”[1]。孙子说得很对啊，这才是最高明的军事家！真的打起仗来，双方损兵折将，即使百战百胜，也不是最高明的。不过，

1　〔汉〕曹操 等注，王健 整理，《孙子兵法》，三秦出版社2005年版，第47页。

当时年轻的汉宣帝并不理解老将军的一片苦心，他有点等不及了，于是下了一封诏书："今五星出东方，中国大利，蛮夷大败。太白出高，用兵深入敢战者吉，弗敢战者凶。"[1]诏书里"五星出东方"和我们五星锦上表达的意思，几乎如出一辙！汉宣帝的意思是，天象大吉，五大行星同时出现在东方夜空，此战必胜。太白星，也就是金星，高高挂起，敢于战斗的人将交好运，不敢战斗的人将遭遇厄运。皇上对你说出这番话，基本没有给你留退路了。换句话说，不想走厄运，就赶紧出兵，错过了吉时，那可就"吃不了兜着走"。在农耕文明的时代，古人靠天吃饭，对天象和占星抱有极其特殊的感情。俗话说人不可逆天而为！五星在中国古代，指的是金木水火土五大行星。在晴朗的夜空，用肉眼就可以清晰地看到。五星聚合，在古人看来是最为祥瑞的天象。据说，公元前 11 世纪，商朝末年甲子那天，太阳月亮同时出现在空中，五星连珠。就在这一天，商纣王见大势已去，在摘星楼自焚。周武王就这样平定了天下，改商为周。今天，我们虽然不知道，汉宣帝究竟有没有真的看到"五星出东方"的天象，但是"五星出东方"带给古人的精神力量不容忽视，"利中国"的祥瑞之兆后来真的应验了。

1 〔汉〕班固，《汉书》卷六十九《赵充国辛庆忌传》，中华书局 1962 年版，第 2981 页。

公元前61年，赵充国出师大捷，赢得了胜利。也正因为赵充国取得的胜利，后一年，公元前60年，汉宣帝设立西域都护府。这标志着第一次中央政权对西域的实效管辖，为西域迎来了六十年的和平，使得丝绸之路又迎来一个大发展的时期。不过赵充国的这次胜利，主要依靠的还是他的军事才能和大智慧。就在今天的青海地区，赵充国还组织实施了大规模的屯田活动，对边疆的巩固和建设立下了大功。他不仅维护了通往西域和中亚的丝绸之路的畅通，更让西域人民对大汉的仁义之道留下了深刻的印象。公元前51年，匈奴归降，汉朝在西域的后顾之忧彻底解除。赵充国也流芳百世、美名远扬，成为后来年轻武将们心中的偶像。“五星出东方利中国”织锦，很可能就是后人对这一段历史、这一段西域和平时期的纪念。所以别看一块手掌大的织锦，简简单单11个字，背后反映了西域人民对中原丝绸的喜爱，西域贵族对大汉将领的仰慕，西域各国对大汉王朝的敬畏！

“五星锦”被埋在黄沙之下近两千年，但是黄沙之上东来西往，行走在丝绸之路上的使者、商人、驼队的脚步却从未停歇。那么，我们今天还能看到用经锦技术织出的丝绸产品吗？很遗憾，经锦自汉晋以后就逐渐减少，到了唐代就基本消失了。也就是说，到了唐代，曾经独领风骚的经锦，完全退出了中国丝绸的历史舞台。

五星锦成为一个孤品、一个标杆，再也没有出现可以与之相媲美的经锦。一位日本学者称，这是8世纪消失的“锦之谜”！为什么如此精致的“经锦”会彻底消失？这背后究竟又发生了什么故事呢？

其实经锦的消失和丝绸之路的兴盛，有着密不可分的关系。我们一直认为，丝绸从中国走向了世界，是中国人民对世界的重大贡献。殊不知，世界的文化、技术通过丝绸之路传播交流，也实实在在地推动了中国丝绸产业的发展。从早期的草原丝绸之路开始，到汉代中国丝绸向西方传播，中亚开始慢慢发展丝绸产业，初具规模并自成风格。比如，隋唐之际，中亚丝绸的生产技术，又反过来影响了我们中原地区的丝绸产业发展。尤其是以“波斯锦”为代表的横向纬线起花的“纬锦”技术，彻底替换了“经锦”技术，促成了唐代织锦艺术风格的形成。

谈到我们中国向西方学习丝绸技术，就不得不和大家聊一聊一个叫何稠的人。何稠是谁呢？他是隋文帝身边的一个红人！学习波斯锦织造技术的“第一人”，也是影响当代丝绸织造技术的“第一人”。

何稠祖上来自西域，应该来自昭武九姓之一的何国，故地在今天的乌兹别克斯坦，是中亚粟特人。我们知道，粟特人善于经商，何稠的祖父便是其中的佼佼者。《隋书·何妥传》对何稠的祖父有记载：“通商入蜀，遂家郫县，事梁武陵王纪，主知金帛，因致巨富，号为西州大贾。”[1]这说明何稠的祖父是早期成功的粟特商人、第一代移民，带着全家从西域到四川成都一带定居。替梁朝的武陵王萧纪主管丝绸贸易，因而成为富商名人。何稠的父亲叫何通，精通玉石加工；他的叔父叫何妥，聪慧过人，精通音乐，还是儒学大家。所以“第三代”移民何稠，生于书香门第、富贵之家，从小见多识广。

何 稠

何稠生于北周，逝于初唐，一生经历了许多次政权更迭。但是他有一个过人之处，就是无论改朝换代后谁来当皇帝，他都是皇帝身边的红人。为什么呢？他有技术，有真本事！20世纪80年代，流行一句话：“学好数理化，走遍天下都不怕。”何稠就是用他的故事告诉

1 〔唐〕魏徵 等，《隋书》卷七十五《何妥传》，中华书局1982年版，第1709页。

我们，无论什么年代，有真本事的人才有前途。也正因如此，何稠赢得了隋文帝的赏识和信任。隋文帝过世的时候，把太子杨广叫到身边，一边抚摸着太子，一边说："何稠这个人做事很用心，我已经把后事托付给了他，你行事应当和他商量。"可见，当时隋文帝有多么赏识、信任何稠！

能得到隋文帝如此赏识，就与何稠成功仿制波斯锦有关。关于这件事，《隋书·何稠传》有一段记载："何稠字桂林，国子祭酒妥之兄子也。父通，善斫玉。稠性绝巧，有智思，用意精微。年十余岁，遇江陵陷，随妥入长安。仕周御饰下士。及高祖为丞相，召补参军，兼掌细作署。开皇初，授都督，累迁御府监，历太府丞。稠博览古图，多识旧物。波斯尝献金绵锦袍，组织殊丽，上命稠为之。稠锦既成，逾所献者，上甚悦。时中国久绝琉璃之作，匠人无敢厝意，稠以绿瓷为之，与真不异。寻加员外散骑侍郎。"[1]波斯，就是今天伊朗一带，给隋文帝进献了用波斯锦做的袍子。要知道物以稀为贵，隋文帝见到充满异域风情的波斯锦，自然爱不释手。但波斯锦和中原织锦的织造方法并不相同，中原工匠做不出来。为了能拥有更多华美的服饰，隋文帝要求何稠立

1 〔唐〕魏徵 等，《隋书》卷六十八《何稠传》，中华书局 1982 年版，第 1596 页。

项，依葫芦画瓢为他仿制波斯锦。哪知道何稠攻坚克难，青出于蓝，织出来的锦比波斯锦更加精致、更加漂亮！当何稠将他研制的精美丝绸交到隋文帝手上，皇帝喜出望外，高兴得不得了，于是命人将此事记载下来。

这个时期的中亚织锦，也就是波斯锦，都是纬线起花的“纬锦”，和之前我介绍的“经锦”，两者截然不同。仿制波斯锦，从经线起花变成纬线起花是个系统性工程，可不是换个花纹这么简单！这个看似简单的一小步，可是中国纺织史上的一大步。它需要颠覆传统思维逻辑，对织机进行全方位改造，是需要大智慧的！好在何稠有粟特商人的家族背景。波斯锦，这个舶来品，普通老百姓难得一见，而何稠也许从小就在祖父家里见怪不怪；也许干脆请了一个外教，或者雇用了外籍员工，帮助他改进设备、引进技术。

那么，回到我们之前提到的那个问题，为什么何稠复制的纬锦，竟然导致8世纪经锦的消失呢？如果汉魏的花纹古朴浪漫，隋唐的花纹则大气雍容。唐代以后，丝绸的花纹图案越来越复杂，颜色也越来越多。而经锦技术再也支持不了比“五星出东方利中国”花纹更复杂、颜色更丰富的图案了。纬锦的出现，不仅一举突破了色彩上的制约，使中国丝绸色彩更加丰富多样，可以达到数十种，而且使丝绸纹样更为灵活多变，并且还更加凸显丝线本身优雅的光泽。纬锦技术的应用，对中国今天丝绸产业的影响是巨大的。要知道今天我们使用的织物几乎都是运用了纬线起花的原理，所以说何稠仿制波斯锦，对中国织造技术的意义远远超过了我们的想象。

从汉唐织锦技艺变迁，我们不难发现，“和平合作、开放包容、互学互鉴、互利共赢”的丝路精神，代代相传、亘古不变。只有文化、技术、人员等生产要素，在丝绸之路大动脉上自由地传播交流，才能推动各国资源共享、利益共赢。

何稠不仅在技术上创新，变经锦为纬锦，为唐代丝绸的蓬勃发展，再次领先世界做了铺垫。另外，何稠还复制了充满异域风情的图案和纹样。

那么，他究竟引进了什么西域纹样呢？下一讲继续解密，丝绸之路给中国丝绸纹样带来的变化。

第三讲

『四天王狩狮纹锦』之谜

本讲介绍的丝绸文物，是一件在海上丝绸之路上发现的丝绸国宝。它的名字叫“四天王狩狮纹锦”。为什么给大家介绍这件文物呢？我认为，同时期、同类丝绸文物中，它是最有气势而且保存最完好的一件。这件文物的真品，现在保存在日本的法隆寺里。日本文物专家认为，这件文物的织造时间是公元 7 世纪，是由我们中国的丝绸工匠生产的。

作为一个丝绸人，我和丝绸打了三十多年交道。一直想亲眼看看这件丝绸国宝，究竟是什么样？又是如何漂洋过海，传到了日本？不同于素纱单衣、“五星出东方利中国”护膊这些保存在地下的文物，这块锦一直在地面上，与空气亲密接触了大约 1400 年，保存的难度相当大。

2017 年，京都国立博物馆为庆祝建馆 120 周年，举办了一场特别大展。馆方筹划了日本 41 年来最高等级的特别展览会，为期两个月，因此对外宣传称之为“四十一年梦八周”。这次展览的展品一共有 210 组，全部是日本政府公布的“国宝”。在日本文化遗产保护体系里，“国宝”就是最高等级的象征。截至 2017 年，日本一共确定了 223 组不可移动的建筑物和 885 组可移动的美术工艺品为“国宝”。换言之，近四分之一可移动的日本“国宝”都在此次京都大展上现身。

得知 210 组展品中，有一件就是“四天王狩狮纹锦”

后，我专程去了一趟京都。真不巧，出行的日子恰好碰上了超强台风。一路上，飞机、高铁都停运了，整个交通几乎处于瘫痪状态。我的运气还不错，几经周折，还是赶到了。到达的第二天是星期天，一大清早我就去看展。本来想这么个台风天，博物馆里肯定没什么人。哪里知道大风大雨之中竟然人山人海，队伍排了几百米长。

在京都国立博物馆

虽然这次展览持续两个月的时间，不过“四天王狩狮纹锦”和大家见面的时间很短，只有十几天。应该是出于文物保护的原因，所以这件国宝展出的时间才特别短。到了博物馆，我直奔染织厅。这件国宝被平放在展区中间一个量身定做的大柜子里。大家看的时候，是隔着玻璃从上往下俯视。博物馆的灯光比较暗，也不能靠得很近。我就在这件国宝边上站了很久，一点一点认真观察。虽然经过了大约1400年，今天已经很难辨认出它原本的颜色了。但这丝毫不影响“四天王狩狮纹锦”带给我的震撼！为什么？

近距离观察文物

第一个给我的震撼，是它的大！这件国宝宽约1.3米，长约2.5米，如此之大，是我至今为止见过的古代织锦中最大的一块，几乎占掉织染展厅三分之一的面积，真的是气势恢宏，非常引人注目！而且最重要的一点，要织这么大一块锦，里面的学问可就大了！

隋唐织锦，门幅一般只有五六十厘米，一台织机，就能织出来。而这块锦的宽度是普通织锦的两倍多。而且我仔细观察了，它既不是拼起来的，也不是缝起来的，而是完完整整的一大张。要织这么大一张锦，凭一个工匠、一台普通织机，肯定是办不到的！我认为，织机一定是改良过的，特别宽大！而且还需要好几名熟练的工匠，默契配合，协调操作。大家想想，既要改良织机，又要增派人手，如此费事费力织出来的锦，一定不一般。关于这么大张的织锦，唐代史料中出现过一次。《旧唐书》记载，“咸亨二年，荣国夫人卒，则天出内大瑞锦，令敏之造佛像追福”[1]。这里的“则天”，就是中国古代历史上唯一的女皇帝——武则天！

咸亨二年，也就是公元671年，这时武则天还没有称帝。但是她的地位，已不仅仅是一个皇后那么简单了。她和唐高宗李治，几乎已经平起平坐了。这一年，武则天的母亲荣国夫人去世，武则天从皇家内部库房中拿出“大瑞锦”，专门为自己的母亲做佛事，拿去庙里供奉。大瑞锦，应该是特别大的锦缎，一般很少见的。从这个故事，可以看出来，这么大的织锦是很贵重的，即使在当年，也绝对不是随随便便，想拥有就能拥有，想供奉就能供奉的！武则天当年的大瑞锦，今天我们看不到了。能有机会，亲眼看到类似大瑞锦的“四天王狩狮纹锦”，

1 〔后晋〕刘昫等，《旧唐书》卷一百八十三《武成嗣传》，中华书局1975年版，第4728页。

我觉得很幸运。

除了“大”以外，给我的第二个震撼是上面的团窠！团窠就是这些大的圆。许多学者描述这件国宝时，都用了“雄伟磅礴”这个形容词。的确，这件国宝和我们见到的其他锦缎不一样，一看到这块锦，就会被它非凡的气势所震慑！这种气势，究竟来自哪里呢？后来我仔细研究，发现这种磅礴的气势就来源于这些团窠。

四天王狩狮纹锦

这张锦上一共15个团窠，横向3个，纵向5个，大小、形状完全相同，而且排列对称、整齐。有点像阅兵方阵，再多士兵，都一样的高瘦、一样的服装、一样

的步伐、一样的动作，整齐划一，自然给人一种非凡的气势。

我们知道方阵走得整齐划一，需要不断地、枯燥地重复训练，很不容易。同样，要把这 15 个团窠织得一模一样，那更是不容易的！为什么呢？因为古代是纯手工织造。有个自然现象叫“热胀冷缩”，丝绸是动物蛋白纤维，和我们的皮肤一样，有弹性，会伸缩，不同温度、不同湿度的条件下丝绸的张力也不同。这块锦在织机上，可能需要几个月时间才能完成。几个月里阴天晴天下雨天，时冷时热，什么时候织得紧一点，什么时候织得松一点，工匠全凭经验进行判断做出调整。这块大锦上的 15 个团窠放眼看去，大小、形状完全相同，并且每个团窠都一模一样圆，这是非常不容易，十分难能可贵的！

四天王狩狮纹锦 细节

第三个震撼是，细节表现得非常生动。我靠近观察了很久，这些团窠的直径约 40 厘米。每一个团窠里，有四匹马、四个骑士、四头狮子和一棵生命树等。虽然这么多元素挤在一起，但布局井井有条，小到狮子的一颗牙齿、一个锋利的指甲，骑士瞪圆的眼睛、卷曲的胡须，每个细节都被刻画得淋漓尽致。骑士的勇敢、狮子的凶猛、马腾空时优美的姿态，都在这件国宝上被表现得栩栩如生，可见其高超的艺术造诣和技术水平！另外，在马的身上还有中文的小字。两匹白马身上有一个“山”字，两匹黑马身上有一个“吉”字。这是隋唐官马的标志，也证明了这件国宝是“中国制造”的。

四天王狩狮纹锦细节 拍摄

虽然专家确认这件文物是“中国制造”的，但是请看这块锦上的团窠、武士、翼马、狮子，都极具浓郁的波斯萨珊色彩！什么是“波斯萨珊色彩”呢？波斯，我们知道，就是今天的伊朗一带。而萨珊呢，它其实是一个王朝，被认为是伊朗古代历史上最具影响力的时期之一。这个影响力，包括萨珊文化对当时欧亚大陆其他文化所产生的影响。尤其这个团窠的结构，周围有一圈大的圆珠子。这个纹样被称为联珠纹，是古代波斯萨珊王朝最流行的纹样。

为什么这件中国织造的丝绸，并不是“中国风”，反而是“波斯风”？现在一般专家认定，“四天王狩狮纹锦”是公元7世纪的文物。我们都知道，7世纪有两个朝代，一个是隋朝，一个唐朝。根据日本学者太田英藏研究，“四天王狩狮纹锦”曾经是日本圣德太子的御旗。据史料记载，日本的圣德太子生于公元574年，卒于公元622年，而我们中国的隋炀帝生于公元569年，卒于公元618年。他们两人几乎生活在同一个时期。我认为，

圣德太子

隋炀帝

如果这件文物是圣德太子曾经使用过的，它极有可能是隋朝的，而且和隋炀帝杨广有关。隋炀帝，是隋朝的第二代皇帝，也是最后一个皇帝，一共统治了14年。

说到他，也许大多数人的印象是残暴、昏庸。在他执政期间，真的是没有一点可取之处吗？我认为，在陆上丝绸之路和海上丝绸之路的发展、经营上，隋炀帝还是做出了一些贡献的。从某些角度来说，他是继汉武帝后，另一个具有国际视野的皇帝。甚至可以说，没有隋炀帝为后面的大唐打下的基础，大唐丝路的繁荣到来得不会如此快速！

这里介绍的“四天王狩狮纹锦”，有别于马王堆素纱单衣和“五星出东方利中国”织锦护膊，它和两条丝绸之路都有着密不可分的关系，一条是陆上丝绸之路，另一条是海上丝绸之路。它的出现和陆上丝绸之路有渊源，然后又沿着海上丝绸之路，被传到了日本。

首先，来看看它和陆上丝绸之路的渊源。这就要说到隋炀帝为打通陆上丝绸之路所做的三件事。

第一，借力打力。隋炀帝登基时，丝绸之路不在中原统治范围里已经有几百年了。隋炀帝一直有个雄心壮志，想再次打通丝绸之路，促进中西商贸文化交流。当时，丝绸之路分别被多股势力控制着，其中有一个叫吐谷浑。吐谷浑的势力范围在今天甘肃、青海一带。这里可是丝绸之路的咽喉，也就是我们常说的河西走廊。为了保证河西走廊的安全畅通，隋炀帝盘算着派谁去好呢？他慧眼识人，派出吏部侍郎裴矩[1]来到了这里。

裴矩这个人可不一般，他非常有智慧，在隋炀帝的父亲——隋文帝在位时期就颇有建树。来到大西北后，裴矩也没东跑西跑，就只待在张掖、敦煌。虽然如此，但他结交了很多来自西域的商人，有空就和外国朋友们聊天，和他们做朋友。见到外国人就问：你来自哪里啊？你们国家有什么特产啊？你们国家和谁关系比较好啊？和谁关系比较不好啊？俗话说，秀才不出门，已知天下事。很快，裴矩把他考察的情报，集结成了三卷《西域图记》，献给了隋炀帝。他把西域四十四国的情况，摸了个清清楚楚、明明白白。这个《西域图记》既有地图又有文字，可谓图文并茂。正是基于对西域各国风土人

1 裴矩（公元547—627年），本名世矩，字弘大，河东闻喜（今山西闻喜）人，北魏荆州刺史裴佗之孙，北齐太子舍人裴讷之之子。隋唐时期政治家、外交家、战略家、地理学家。

情、政治局势的了解，裴矩想出了一条妙计对付吐谷浑。大业三年（公元 607 年），裴矩奉隋炀帝之命，说服另外一股叫铁勒的势力，去攻打吐谷浑，自己先没有出兵。等打得差不多了，隋炀帝才派出一个叫宇文述的将军，领兵出征，很快把吐谷浑打败了，连吐谷浑的首领都逃跑了。这一战，给第二年隋炀帝亲征，打通陆上丝绸之路，奠定了坚实的基础。

第二，拓展疆土。大业五年（公元 609 年），隋炀帝做了一件非常有意义的事，他亲自从长安出发，西巡到了河西走廊的张掖。这次西巡，前后花了 7 个月时间，行程数千公里，途经今天的陕西、甘肃、青海等地区。大家可不要小看这次西巡，中国古代史上，中原的皇帝走到西北这么远的地方的，只有隋炀帝一人！那隋炀帝这次西巡想要干什么呢？只是为了欣赏大西北的风景，去游山玩水吗？当然不是。这次西巡对于河西地区乃至整个西域都具有非同寻常的意义。隋炀帝是带有政治目的去收复胜利果实的。到了河西地区以后，隋炀帝设立了西海、河源、鄯善、且末四个郡。西海、河源在今天的青海，鄯善、且末在新疆。设立四郡的意义非常重大，它促成了青海、新疆等大西北地区成为中国领土不可分割的一部分，也就是说隋炀帝通过这次西巡，第一次把中国版图拓展到了青海和新疆的东部。

第三，大力招商。隋炀帝西巡，抵达张掖后，还举办了“万国博览会”，也就是开了一场大规模的国际经贸招商会。这个招商会都请了哪些嘉宾呢？有高昌国王麴伯雅、伊吾城主吐屯设、西域二十七国使节，真是高朋满座、热闹非凡。高昌、伊吾就是今天新疆的吐鲁番和哈密，这两个地方在河西走廊的延伸段上，都是丝绸之路上的重镇。这么多外国客人来访，招商会规模空前。根据《隋书·裴矩传》的记载，“及帝西巡，次燕支山，高昌王、伊吾设等及西蕃胡二十七国，谒于道左。皆令佩金玉，被锦罽，焚香奏乐，歌儛喧噪。复令武威、张掖士女盛饰纵观，骑乘填咽，周亘数十里，以示中国之盛。帝见而大悦”。隋炀帝让所有参会的嘉宾都戴着黄金，佩着美玉，穿着华丽的织锦和毛毡。这边弹琴奏乐，那边载歌载舞，气氛热烈而友好！隋炀帝还下令武威和张掖的士女们，都要穿着自己最漂亮的衣服才能前来观看，参加盛会的人和马车，排了几十里长。如此盛大的场面，让西域小国的首领、使节看得目瞪口呆。他们对中原王朝的富裕和繁荣十分仰慕，纷纷表示要与隋朝通商友好。从此，张掖也一举成名，成为国际贸易的大市场，丝绸之路上重要的城市。所以隋炀帝亲自出席的这次招商会，是具有非常重要的历史意义的，不但向西域各国展示了中国的强大与富有，更重要的是向各国表达了进行商业贸易、文化交流的美好愿望。

张掖盛会

第二年，也就是大业六年（公元610年），西域各国的首领、使臣纷纷来到长安、洛阳朝贡，大献宝物，隋炀帝又举行了更大规模的招商会。通过“借力打力、拓展疆土、大力招商”的三部曲，隋炀帝恢复了陆上丝绸之路的畅通。正是因为这些举措，中国和沿途各国，和西方其他国家在政治经济、文化艺术等方面，甚至纺织工艺上的交流，越来越频繁。

后来，隋炀帝还派云骑尉李昱出使波斯。当时的波斯王叫库斯老二世。他对李昱也很热情，当李昱回国的时候，波斯王还派使者，带上礼物，跟着李昱回访中国。这个时期，从波斯到中国的丝绸之路畅通无阻，包括波斯商人在内的胡商，在这一时期也数量倍增，来往不绝。前面我介绍了，波斯使者向隋炀帝的父亲——隋文帝进献了丝绸锦袍，隋文帝喜欢得不得了，还让何稠替他成功仿制了波斯锦。我猜测，也许跟着李昱回访中国的波斯使者、商人，也带来了一些波斯的锦缎，或许其中就有联珠纹的锦缎。这些从丝绸之路传来的花纹，在中原越来越流行。中原的锦缎上也就越来越多地出现了“四天王狩狮纹锦”上的西方元素。

这样一件“中国制造”的“四天王狩狮纹锦”，又是怎样传到了日本的呢？

这就要从另一条丝绸之路，也就是海上丝绸之路的发展说起。如果说往西，隋炀帝重开了陆上丝绸之路，把外交关系建立到了波斯。那往东，隋朝海上丝绸之路交往的深度和广度也超越了前代。

根据史料记载，隋朝时期，日本多次派遣隋使和遣隋留学生来到中国，学习中国的政治文化、科学技术、宗教礼仪等。其中有三次，是隋炀帝亲自接待遣隋使的。大业三年，即公元607年，圣德太子派大使小野妹子出访中国，得到了隋炀帝的亲自接见。请注意哦！小野妹子，可不是个“妹子”，而是个“汉子”。他出身贵族，是著名的外交家，还有个中文名叫“苏因高”。

第二年四月，隋炀帝礼尚往来，派文林郎裴世清为大使，一行十三人，跟随小野妹子回访日本。这可是隋朝历史上第一个政府级别的访日代表团。日本政府也非常重视，圣德太子一得到消息，就连忙命人在难波为隋朝使节修建迎宾馆。因为他们觉得之前招待使者的地方太差了，必须重新装修，才能招待来自中国的使臣。根据《隋书》记载，当裴世清一行十三人抵达难波时，战鼓和号角一同响起，被装饰成各种颜色的船只停在岸边，数百人的仪仗队也站立整齐，迎接他们，排场相当大！

裴世清在日本住了一个月，了解了当地的情况，就准备动身回国了。这次，小野妹子又被任命为大使，陪送裴世清回国，第二次出访中国！这次圣德太子派了四个留学生和四个学问僧，跟着小野妹子一起来中国。他们基本上都是在日本的汉人后裔，也就是有点汉文化基础的。这八个人待在中国，少则十几年，多则三十几年，最晚到唐太宗贞观年间才返回日本。隋炀帝对这些留学生和学问僧，做了一系列的安排。首先，包吃包住，为他们创造良好的学习条件、生活条件，保证他们生活安定、学业有成。其次，定制课程，把他们安置在鸿胪寺的四方馆中，还找来德高望重的名师高僧教导他们，希望他们担当起中日文化交流的使者。这些留学生和学问僧学成归国，有的成了中国文化的传播者，有的成了日本“大化改新”的核心人物，为当时日本社会经济文化的发展做出了贡献。

前面我介绍了，第一，日本学者认为“四天王狩狮纹锦”曾经是圣德太子的御旗。第二，门幅宽大、气势非凡的大瑞锦，在隋唐时期，只有皇家才能拥有。所以我认为，“四天王狩狮纹锦”极有可能是当年隋炀帝送给日本的国礼，由小野妹子大使带回日本，献给了圣德太子。圣德太子很重视这件礼物，同时也很喜欢这件礼物，所以将它当成自己的御旗。

为什么我这么认为呢？这是有依据的。因为，隋炀帝用丝绸当作外交礼品，在史书中是有记载的。比如，大业三年（公元 607 年），隋炀帝招募富有开拓和冒险精神的人，作为出使赤土国的使者。有两个叫常骏、王君政的大臣毛遂自荐，表示愿意出使赤土国。隋炀帝非常高兴，给每个人赏赐了丝绸百匹、时服一袭，也就是出使穿的礼服和很多国际货币。使者见到赤土国王，不能空着手啊，隋炀帝让使者带去的礼品又是什么呢？您猜得没错，别的礼物都没选，唯一选的礼物就是丝绸，而且是很多丝绸！根据《隋书·赤土传》记载，“大业三年，屯田主事常骏、虞部主事王君政等请使赤土。帝大悦，赐骏等帛各百匹，时服一袭而遣。赍物五千段，以赐赤土王”[1]。这里说的五千段，不是别的，我认为就是丝绸。那么赤土国，究竟在哪里呢？专家们还没有统一的意见，推测是今天的马来半岛。当常骏他们到达赤土国时，三十艘船组成船队，击鼓奏乐相迎。登陆以后，赤土王子还骑着两头大象，迎接隋

1 〔唐〕魏徵 等，《隋书》卷八十二《赤土传》，中华书局 1982 年版，第 1834 页。

朝使者进王宫。后来，赤土王子还跟着常骏他们回访中国，也带来了很多土产方物，送给隋炀帝。虽然今天我们没有办法确认，赤土国到底在哪里，但和赤土国的友好交往，却成了一段佳话。

“四天王狩狮纹锦”已经保存了大约1400年。通过这件文物，我们可以看到，隋炀帝在推动陆上丝绸之路和海上丝绸之路上所做的贡献，这些贡献为唐代丝路的繁荣打下了基础。客观来说，执政前期，隋炀帝确实高效率地办成了很多大事，中国人口达到4600多万，社会经济迅速发展，进入了一个极为繁盛的时代。但是随着权力膨胀，隋炀帝的晚年越发昏庸残暴。当隋炀帝抛弃了百姓的利益，百姓们也就抛弃了他。最终，隋朝又很快地由盛转衰。“四天王狩狮纹锦”，正好记录了隋炀帝通过陆上丝路和西面的波斯、通过海上丝路和东面的日本之间的交流往来，记录了隋朝曾经开放包容、兼收并蓄的气氛。

我曾经给很多朋友看过“四天王狩狮纹锦”的照片，大多数人一眼看过去，并不觉得这是中国人织的，因为它充满了异域风情。像这样的纹饰，真的只存在于历史当中，我们今天只能在博物馆里看到了吗？不是的！它依然存在于我们的生活中，只是换了一个模样而已。比如，过年我们贴的窗花、做的剪纸，就是联珠纹的一种变化。

有一个成语叫“花团锦簇”，意思是花开正旺，团团簇簇，十分茂盛。带花的丝绸堆在一起，形容五彩缤纷、吉祥喜庆的景象。其实，今天我们再熟悉不过的，花团锦簇中的花团，也就是中国传统纹样团花、宝相花，都是由联珠纹变化而来的。这些自然不是最初的联珠纹，而是经过本土化之后的纹样。那么联珠纹究竟是如何由一个异域纹样变成一个深受中国人喜爱的纹样的呢？这里不得不提到一个唐代的人物——窦师纶，

窗 花

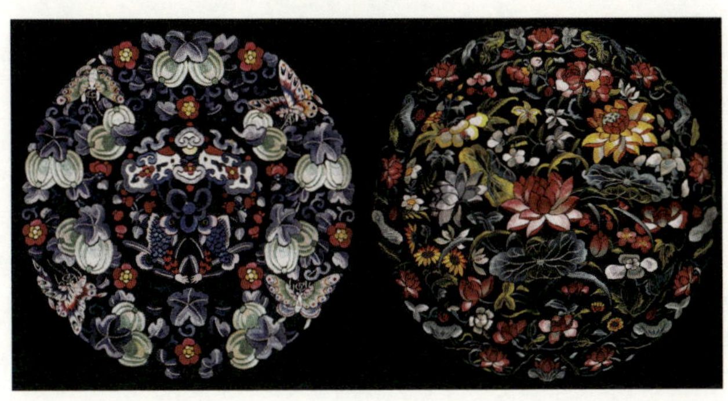
团 花

他为中国创造了“陵阳公样”！说到窦师纶，您可能不熟悉，但窦家可是北魏的望族，与隋文帝、唐太宗都有亲戚关系。窦师纶比唐太宗大五岁，是唐太宗的表兄！太宗还是皇子的时候，窦师纶就在他身边当秘书顾问，两人关系十分亲近。

窦师纶后来被朝廷派到益州，担任大行台检校修造。益州，就是今天的四川地区，也是蜀锦的产地。来到益州后，窦师纶开始正式主持工作了！他专门花心思，设计很多新的纹样，被称为“陵阳公样”。陵阳公样，究竟长什么模样呢？对此学界并没有统一的意见。张彦远在《历代名画记》中记载：高祖、太宗时，内库瑞锦对雉、斗羊、翔凤、游麟等，皆创自师纶，至今传之，后人称之为“陵阳公样”。我认为，陵阳公样就是把联珠纹给“本土化”了，把联珠纹给改良了。我总结有三个特点。

步辇图

第一，动物成双成对。中国传统观念中，都是好事成双，动物也喜欢成双成对。所以窦师纶为皇宫织造的瑞锦，上面的动物都是一对鸟、一对羊。我们在名画《步辇图》里，看到吐蕃来的使者，身上穿的锦袍就有联珠纹。

步辇图细节

但是联珠纹里面，只有呆呆的一只鸟。后来，我们在此基础上继续发展，比如传统纹样“喜相逢”，就是其中之一。喜相逢，是把一对动物和阴阳的图案相结合，整个构图更加有动感了。

喜相逢

第二，神兽本土化。从中亚传来的联珠纹，当中最常见的神兽，有野猪头、含绶鸟、森木鹿。这些都是中亚文化中的神兽，中原老百姓不认识、不熟悉，更加不懂其背后的文化内涵。于是，窦师纶就把它们替换成凤凰、麒麟、龙等中华文化中喜闻乐见的神兽。这样的新纹样，自然就会让我们中原人民更加喜爱了！

第三，弱化了联珠纹外圈的大珠子。窦师纶更多地运用了花草纹、唐草纹、宝相花纹。到晚唐时期，这一特征更加明显。在“大唐新样”里面，珠子几乎找不到了，它们被花草替代了。团窠变成了多层的，花卉也越来越复杂。有些花卉也并不是写实的，可能是现实中并不存在的花卉，形成了真正的“花团锦簇”！

所以，别看联珠纹是个舶来品，这个舶来品可不一般，它来到中国以后，深深地影响了中国传统纹样的发展。

从这块“四天王狩狮纹锦”的生产、发展、传播中，我们可以感受到7世纪，中西方文化通过陆上丝绸之路、海上丝绸之路的交融，体会到那个时代，人们互相之间接纳、包容的开放心态和中原王朝的文化自信。另一个方面，从纵向来看，联珠纹的演变只是一个缩影，这个缩影让我们了解到每一个舶来品“吸收、融合、创新”的规律，了解到中原丝织品如何吸收了中亚丝织品的风格，最后促成了中国丝织艺术的大发展、大繁荣。

无论是“四天王狩狮纹锦”，还是隋炀帝再度开通丝路，这些都只是一个锦绣盛唐的前奏。

第四讲

法门寺『金衣』之谜

唐代是中国古代史上的“黄金时代”。来自法门寺的几件丝绸国宝不仅产于唐代，而且真的是用黄金做的。

唐代丝绸

上图这五件金光闪闪的丝绸文物，就是现存最完好、水平最高的唐代丝绸。认真观察这五件文物，我们会发现：

首先，这是一组成套的衣物。它们的底色是红色的，是中国人最喜欢的颜色！

其次，最重要的，衣物上的莲花、云朵等纹样，都是用黄金线勾勒出的。这种用黄金线勾勒出纹样的方法，有个特别的名字——蹙金绣。蹙金绣是一种什么绣法？跟普通刺绣有什么区别？第一，材质。普通刺绣用的是丝线；蹙金绣用的是金线。第二，绣法。普通刺绣是以针带线，在面料上穿刺，形成花纹；蹙金绣是用黄金线盘出花纹形状，然后平铺在丝绸表面，用丝线固定住。所以，两者的原理是完全不同的。

最后，这五件丝绸文物和大部分的出土丝绸文物相比，还有一个区别，它的外观异常华贵。衣物表面不仅大面积用了黄金，而且在花纹的花蕊部分，还点缀了红宝石，起到了画龙点睛的作用。

这几件丝绸文物分别是什么呢？它们是上衣、下裳、袈裟、案裙和坐垫。只看图片，估计很难猜得出它们的大小。实际上这五件文物非常小，举两件相对形制较大的为例。其一，是一件典型的短袖上衣，这个款式在唐代仕女中最为流行，又被称之为“半臂”。它对开襟，袖展 14.1 厘米，衣长 6.5 厘米，按照比例，衣服的长度刚好过胸部，衣服上以蹙金绣折枝花为装饰。其二，是一件袈裟，长 11.8 厘米，宽 8.4 厘米，七节二十一个水田格，格子中是用金线绣的莲花，四周是云纹，四个角使用卍字纹。

半 臂

其余三件的尺寸就更小了，长度也在10厘米左右，都是迷你的衣物模型。这些衣物虽然尺寸小，做工却一点不粗糙，反而异常华美。那么这里就出现了一个问题：古人把衣物做得这么迷你，但却如此华美，其用途是什么呢？这就要从五件文物发现的地方——法门寺地宫说起。

袈　裟

发现法门寺地宫，纯属偶然。1987年，国家计划在倒塌的法门寺塔遗址上重修新塔。工作人员在清理现场时，意外发现，有块汉白玉石板有点松动。人是有好奇心的，既然石板松动，那就撬开来看看。撬开之后，人们发现原来就在这块石板下藏着一个洞。这个洞，就是被人遗忘了一千多年的法门寺地宫。其实，石板下藏着一个洞并不是让人最意外的，让人最意外的是洞里藏着大量的稀世珍宝。具体都有些什么？究竟它们有多珍贵呢？

衣物帐（账）碑

法门寺出土的“衣物帐（账）碑”上写得清清楚楚：

监送真身使」
应从重真寺随真身供养道具及 恩赐金银器物宝函并 新恩赐到金银宝器衣物如后：」重真寺将到物七件：袈裟三领，武后绣裙一腰，蹙金银线披袄子一领，水精椁子一枚，铁盝一枚。」真身到内后，相次赐到物一百二十二件：银金花合二具共重六十两，锡杖一枚重六十两，香炉一枚重卅二两元无盖，」香炉一副并台盖朵带共重三百八十两，香宝子二枚共重卅五两，金钵盂一枚重十四两三钱，金襕袈裟三副各五事，」毳纳佛衣二事，瓷秘色碗七口内二口银稜，瓷秘色盘子、叠子共六枚，新丝一结，百索线一结，红绣案裙一枚，绣帕二条，」镜两面，袜十量，紫靸鞋二量，绣幞十条，宝函一副八重并红锦袋盛：第一重真金小塔子一枚并底儭（按应为衬）」共三段内有银柱子一枚，第二重珷玞石函一枚金筐宝钿真珠装，第三重真金函一枚金筐宝铀真珠装，」第四重真金钑花函一枚已上计金卌七两二分、银二分半，第五重银金花钑作函一枚重卌两二分，第六重素银函一枚」重卌九两三钱，第七重银金花钑作函一枚重六十五两二分，第八重檀香缕金银稜装铰函一枚；银锁子及金」涂锁子七具并钥匙、鏂鈚、□子等共计银一十六两四钱，银金涂钑花菩萨一躯重十六两，银金花供养器物共卌」件、枚、只、对内叠子一十枚，波罗子一十枚，叠子一十枚，香案子一枚，香匙一枚，香炉一副并碗子，钵盂子一枚，」羹碗子一枚，匙筯一副，火筯一对，香合一具，香宝子二枚已上计银一百七十六两三钱，真金钵盂、锡杖各一枚共」重九两三钱，乳头香山二枚重三斤，檀香山二枚重五斤二两，丁香山二枚重一斤二两，沈香山二枚重四斤二两。新恩赐到金银宝器、衣物、席褥、幞头、巾子、靴鞋等，共计七百四十四副、枚、领、条、具、对、顶、量、张。」
银金花盆一口重一百五十五两，香囊二枚重十五两三分，笼子一枚重十六两半，龟一枚重廿两，盐台一副重十二两，」结条笼子一枚重八两三分，茶槽子、碾子、茶罗、匙子一副七事共重八十两，随求六枚共重廿五两，水精枕一枚，」影水精枕一枚，七孔针一，骰子一对，调达子一对，稜函子三，瑠璃钵子一枚，瑠璃茶碗柘子一副，瑠璃叠子十一枚，」银稜檀香木函子一枚，花罗衫十五副内襕一副、跨（袴）八副各三事，花罗袍十五副内襕八副、跨（袴）七副各四事，」长袖五副各三事，夹可幅长袖五副各五事，长夹暖子廿副各三事内五副锦、五副绮、一副金锦、一副金褐、」一副银褐、一副龙纹绮、一副辟邪绮、一副织成绫、二副白氎、二副红络撮，下盖廿副各三事，接袎五具，」可副绫披袍五领，纹谷披衫五领，缭绫浴袍五副各二事，缭绫影皂二条，可幅臂钩五具，可幅勒腕帛子五对，」方帛子廿枚，缭绫食帛十条，织成绮线绫长袎袜卌量，蹙金鞋五量，被褡五床，每床绵二张、夹一张，」锦席褥五床，九尺簟二床，八尺席三床各四事，八尺踏床锦席褥一副二事，赭黄熟绿线绫床皂五条，」赭黄罗绮枕二枚，绯罗香倚二枚，花罗夹幞头五十顶，巾子五十枚，」折皂手巾一百条，白异纹绫手巾一百条，揩齿布一百枚，红异纹绫夹皂四条，白藤箱二具，玉樗子一枚，」靴五量各并毡。」惠安皇太后及昭仪、晋国夫人衣计七副：红罗裙二副各五事，夹缬下盖各三事已上惠安皇太后施；」裙衣一副四事昭仪施；衣二副八事晋国夫人施。

诸头施到银器衣物共九件：银金花菩萨一躯并真珠装共重五十两并银稜函盛，银锁子二具共重二两，僧澄依施；」银白成香炉一枚并承铁共重一百三两，银白成香合一具重十五两半已上供奉官杨复恭施；银如意一枚重」九两四钱，袈裟一副四事已上尼弘照施；银金涂盏一枚重卌一两僧智英施；银如意一枚重廿两，手炉一枚」重十二两二分，衣一副三事已上尼明肃施。

以前都计二千四百九十九副、枚、领、张、口、具、两、钱字等内」金银宝器衫袍及下盖裙衣等计八百九十九副、枚、领、张、口、具等，金器计七十一两一钱，银器计一千五百廿七两一字。

右件金银宝器衣物道具等并真身，高品臣孙克政、臣齐询敬、库家臣刘处宏，承」旨臣刘继郇与西头高品彭延鲁，内养冯全璋，凤翔观察留后元充及左右街僧」录清澜、彦楚，首座僧澈、惟应，大师清简、云颢、惠晖、可孚、怀敬、从建、文楚、文」会、师益、令真、志柔及监寺高品张敬全，当寺王纲义，方敬能、从謜，主持真身」院及隧道宗奭、清本、敬舒等，一一同点验安置于塔下石道内讫，其石记于鹿项内安置。咸通十五年正月四日谨记。」

金函一重廿八两，银函重五十两，银阏伽瓶四只，水碗一对共重十一两，」银香炉共重廿四两，□□□盅三只共重六两已上遍觉大师智慧轮施。」

中天竺沙门僧伽提和迎送真身到此，蒙恩赐紫归本国。」

兴善寺僧觉支书

凤翔监军使判官韦遂政、张齐果迎送真身勾当供养。」

真身使小判官周重晦、刘处权、吕敬权、阎彦晖、张敬章」

右神策军营田兵马使孟可周」

武功县百姓社头王宗、张文建、王仲真等

> 一百廿人，各自办衣装程粮，往来舁真身佛塔。[1]

从衣物帐（账）碑的记载，我们可以看到，法门寺地宫里的物品非常珍贵，包括独一无二的佛祖真身指骨舍利，还有金银器、秘色瓷、琉璃、丝织品等，以及这五件金光闪闪的丝绸文物。而且，根据衣物帐（账）碑所言，这批稀世珍宝是武则天、唐懿宗、唐僖宗、惠安皇太后、昭仪、晋国夫人等皇室成员献给佛祖的供养品，所以材质贵重，制作精良，款式时髦，也自然是无与伦比，是唐代物质文明和精神文明高度的体现。

这次为了研究丝绸之路上的丝绸，我去了汉唐陆上丝绸之路的起点——西安，到了扶风县法门寺，专门去看了看藏着这么多珍宝、地位如此重要又如此神秘的地宫。

我去的时候，出土文物的地方已经被玻璃封上了。透过玻璃，第一眼看到的地宫，跟之前想象的并不一样。地宫内空间狭小，有限的空间分为前、中、后三室，加上通道，一共 30 多平方米，也就和普通家里的客厅差不多大。并且地宫非常矮，人进出，必须弯着腰，或

1　韩伟，《法门寺地宫唐代随真身衣物帐考》，《文物》1991 年 05 期，第 27—37 页。

者跪着才能进去。

当初就是在这里，五件小佛衣和一尊鎏金菩萨像一起被发现。这尊菩萨像高 20 多厘米，加上底座也才 30 多厘米。整个形象是单膝下跪，两手举着一个托盘的样子。有趣的是，配合这个托盘的大小，有个小漆盒。漆盒里面装了什么呢？就是这五件小佛衣。现在大家知道了，这五件衣物不是拿来穿的，是特别定制，专门用来供奉的。

前面我说，这五件佛衣是目前保存最好、水平最高的唐代丝绸文物。我这么说是有依据的，是亲眼见过的。当时我跟着法门寺博物馆的工作人员到了他们的地下库房。走进库房后，我四下张望找这几件佛衣，但是并没有看到。直到我们参观快结束，走到门口的时候，工作人员在一个展柜前停

鎏金捧真身菩萨

了下来，他掀开盖在上面的黑色绒布，五件佛衣一下子出现在我们面前。当时给我的感觉是，一片金光扑面而来，但是却和平时在金店里看到的那种刺眼的光不同。它是非常柔和的。我凑近仔细看发现，佛衣上用的是圆金线。圆金线的面是不光滑的，对光是漫反射，所以金光就很柔和。另外，五件佛衣用金的面积之大，也让人震惊。10 厘米左右见方的小佛衣上，一半以上的面积都是古人用真丝金线盘出的花朵、祥云等纹样，每个细节都非常精细、灵动。一千多年过去了，它们的颜色还这么鲜艳，衣服还这么完整，简直是个奇迹！

除了这五件金光闪闪的丝绸文物以外，法门寺还有没有出土其他用金线织成的丝绸呢？在法门寺博物馆之外，还有一个地方，也保存着法门寺出土的丝绸文物，就是陕西省考古研究院。耳听为虚，眼见为实，我也亲自去看了看。

在参观考古研究院的过程中，给我印象最深的，是一条裙子。这条裙子虽然已经褪了颜色，但是有一个非常特别的地方，就在裙子的腰上，用真金白银织造出了各色花纹！这条裙子腰上花纹的织造方式和前面提到的蹙金绣不一样，它的黄金和白银是织进去的，用了一种叫作织金锦的工艺。织锦，我前面介绍过，是一种提花工艺。织金锦，就是用真丝金银线直接在丝绸上提花。

这条裙腰上的织金锦还有一个特别之处，就是使用

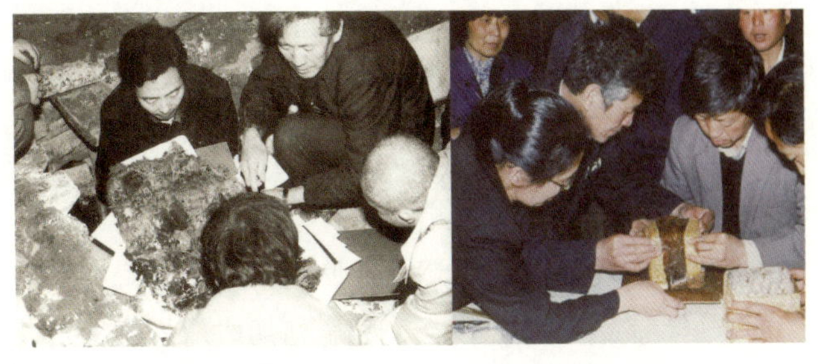

1987年，王㐨老师主持法门寺地宫丝织品保护工作

的真丝金线非常细。细到什么程度？著名纺织服饰考古学家沈从文先生的助手、当年法门寺丝织品保护工作的主持者——王㐨老师给了我们答案。他在书里是这么介绍的：所谓蹙金绣系用金线直径0.3毫米，金箔切条（扁金）0.5毫米，左右S拈绕于芯线上，并留用极细间隙。[1]就是说，这条裙子上的真丝金线的直径，平均只有0.3毫米左右。再来看看它的内部结构，体会一下其中的精妙。从微观看，真丝金线分为内、外两部分，里面是细细的丝线，外面包裹着的就是薄薄的黄金。

黄金怎么能包住又细又柔软的丝线呢？这里有三个精妙之处！其一，古人把指甲盖大小的黄金，捶打几万次，最后捶打成以微米为单位的金箔。1微米有多薄呢？

1 王㐨，《染缬集》，北京燕山出版社2014年版，第117页。

它是毫米的千分之一。法门寺丝绸所用的金箔，厚度大约在2.4~5.8微米之间。5.8微米的金箔什么概念？手一碰，就碎了！吹口气，就飞走了。其二，把金箔切成均匀的细条。要切多细呢？0.5毫米，想象一下，如果是10厘米宽的金箔，就是要切200刀。前面说了，这么薄的金箔，一碰就碎，一吹就飞。这200刀可真不容易！其三，把切好的细条，螺旋地拈绕在丝线的外面，把丝线包住。这样做出的真丝金线是圆的。真丝金线做得好不好，关键看金箔绕得匀不匀。就听我这么说，可能觉得容易。即便是在当下，有了精密的机器，如果没有多年的实际操作经验，绝对做不出这么细的真丝金线。如今，真丝金线也是我们云锦、宋锦、缂丝不可或缺的材料。而且这门工艺已经被

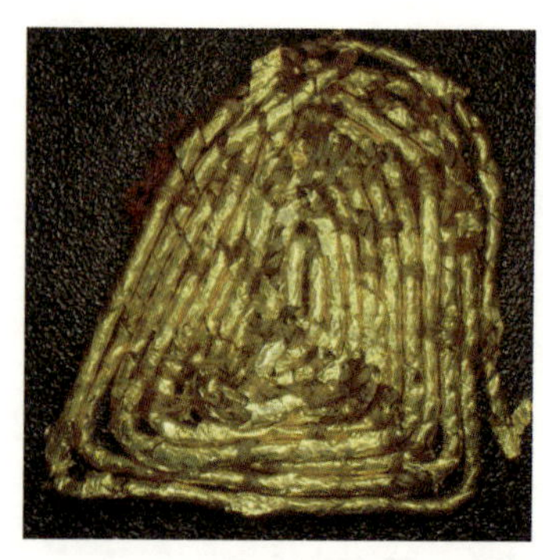

金 线

金线细节图

列入非物质文化遗产。但是，比较遗憾的是，与其他传统工艺遇到的困境一样，会这门手艺的人越来越少，而愿意学习这门技术的年轻人越来越少。作为一个丝绸人，希望在未来，通过国家的保护以及宣传，这些传统的工艺能得到越来越多年轻人的关注和喜爱，这门悠久的工艺得以继续传承下去。

说完了真丝金线的现状之后，我们再回到真丝金线的起源。真丝金线的工艺起源于哪里呢？沈从文先生认为，捻金线工艺是由西方传入的技艺，是西域制作金线的传统工艺。根据法门寺出土的丝绸上的真丝金线的技艺，可以知道，真丝金线技术在唐代已经发展到了一个高峰。那么它的传入只能更早。具体什么时候呢？史书上对于金线的记载我并没有查到，但是关于织金织物的中西交流，却是有记载的。《晋书·大秦国传》中提到“大秦能刺金缕绣”。大秦，是古代中国对罗马帝国及近东地区的称呼。就是说，当时人们知道西边的大秦人是能够用金线来刺绣织造的。而中国能织造金线织物，根据书上的记载，则要到隋朝。这个故事前面我们也提到过，就是隋朝的时候，波斯献给中原皇帝金锦绵袍，也就是用金线做的袍子，皇帝一看就很喜欢，就命何稠复制，结果何稠不仅复制了，还做得比原件更好。

到了唐代，由于丝绸之路的畅通，大量波斯、西域人来华，所以无论是金线制作技术，还是织金技术，都得到了很大提升，并且中国工匠在前人基础上，将金线技术、织金技术完全地国产化，工艺上更是推陈出新，十分高超。比如，史书中记载过这几件让人浮想联翩的衣裙。《新唐书·李石传》记载，“吾闻禁中有金鸟锦袍二，昔玄宗幸温泉与杨贵妃衣之”[1]。唐玄宗和杨贵妃的“金鸟锦袍”，可能就是用黄金线织出花纹的袍子。再比如，另一件属于安乐公主，也就是武则天的孙女的衣裙。《蜀中广记》记载，“安乐公主出降武延秀，蜀川献单丝碧罗笼裙，缕金为花鸟，细如丝发，鸟子大仅黍米，眼鼻嘴甲俱成，明目者方见之”。这个单丝碧罗

在陕西省考古研究院

1 〔宋〕欧阳修 等，《新唐书》卷一百三十一《李石传》，中华书局 1975 年版，第 4514 页。

笼裙是非常薄的丝绸，唐代工匠能在其上用金线绣出细致的花鸟，可见唐代制金、织金水平之高！

再回过头来说陕西省考古研究院的这条裙子，虽然已经褪了颜色，看不出它的本色，却可以想象一下，唐代贵妇人穿着它的样子。也许它是当时最流行的石榴红，在最抢眼的位置——腰部，有金银线织出的花纹。裙子的表面是罗，轻薄、飘逸；裙子上有手绘的图案，走起路来，花纹若隐若现。走在街上，回头率一定很高！不然怎么会有句俗话，叫作“拜倒在石榴裙下”呢？那么，大家有没有想过这么华丽的裙子，是属于谁的呢？法门寺出土的衣物帐（账）碑上，一共有一千七百多个字，罗列了地宫里两千两百九十九件文物的名字。其中，有六个字“武后绣裙一腰”，让人遐想无限。我猜测，也许这条做工一流的裙子，就属于中国古代历史上唯一的女皇帝——武则天！

从五件蹙金绣衣物模型，到织金锦的裙子，我们看到的，并不是粗犷豪放的“土豪金”，而是一种精巧绝伦的“时尚美”！

那么这种丝绸用金的“时尚美”，在唐代，仅仅在皇宫贵族中流行吗？不是，丝绸用金，不仅在唐代的上层社会，而且在民间也广为流传。这种说法是有依据的。依据就藏在优美的唐诗之中。比如，白居易的《议婚》中“红楼富家女，金缕绣罗襦”，说有钱人家的大小姐，穿的就是有黄金的丝绸衣服。秦韬玉在他的《贫女》一诗中写道："苦恨年年压金线，为他人作嫁衣裳。"穷人家的姑娘，一年到头、辛辛苦苦用金线做衣服，做出来自己不穿，而是为他人作嫁衣裳。两首诗，一富一贫，形成了鲜明的对比！除此之外，还有描写美人的！杜甫在《丽人行》中，描写唐代贵族妇女出游的场景，其中有一句："绣罗衣裳照暮春，蹙金孔雀银麒麟。"说的是贵族妇女春天出去游玩，身上穿的都是绫罗绸缎，上面有蹙金绣的孔雀、蹙银绣的麒麟，十分奢华。还有父亲晒娃的！韦庄写了一首诗，名字叫《与小女》。里面有这么一句："一夜娇啼缘底事，为嫌衣少缕金华。"什么意思啊？说一个小女孩，整个晚上又哭又闹，是因为小女孩嫌弃衣服上的黄金少。真是让大人又好气，又好笑！还有灌鸡汤的！大家熟悉的《金缕衣》这样写："劝君莫惜金缕衣，劝君惜取少年时。"劝年轻人啊，不要老想着穿金线制的衣衫，要好好读书，不要虚度年华。通过这些唐诗，不难发现，唐代制金的技术已经非常发达，丝绸用金并不限于宫廷，而是走进了民间。这股"时尚美"的流行风，已经吹向了大众生活。

为什么精巧绝伦的"时尚美"偏偏出现在唐代，又第一次在唐代广为流行？为什么制金、用金、穿金，能在唐代发展成一个高峰？我觉得，这离不开唐代丝绸之路的繁荣，得益于开放包容的治国方略！著名考古学家齐东方老师有个观点，我非常赞同。早期，中国的制金技术与同时期的中亚、西亚相比差很多；但到了唐代，情况就不一样了，中国的制金技术突飞猛进，和中亚、西亚不相上下，甚至领先世界。这其中很重要的一个原因就是，丝绸之路的频繁交流，东西方文化的互学互鉴，对唐代制金技术产生了重大影响！所以，在丝绸用金的“时尚美”背后，我看到的不仅仅是一件丝绸文物，而是一个疆域辽阔的强大帝国，是一条交往密切的丝绸之路，是一个人人向往的“锦绣盛唐”！

唐俑

那么，“锦绣盛唐”究竟是一种什么样的气象呢？在盛唐时期人们的日常生活中，丝绸又扮演了什么样的角色？我想用一个特别方式，梦回大唐，带大家去盛唐时期，和丝绸之路密切相关的三个地方看看，去感受一下唐代疆域的辽阔、商贸的繁荣和胸襟的博大。

第一个地方，7 世纪中叶，丝绸之路在中亚地区的重要枢纽——康国。汉代，张骞出使西域来过这里；唐代玄奘西行取经，也经过了这里。公元 650 年，唐高宗李治登基后，在这里设立了康居都督府，任命康国国王拂呼缦为都督。此后，康国国王的继位，都要得到唐朝的册封。为什么我选择的第一个地方是 7 世纪中叶的康国呢？因为那个时候，在康国刚刚完成了一幅珍贵的壁画。壁画上的主角正是当时唐朝的皇帝——高宗李治和皇后武则天。

壁画上的唐高宗和武则天不是正襟危坐，而是轻松休闲的。武则天正坐在龙舟上，泛舟曲江池，旁边的宫女脸庞很丰满，梳着高高的发髻，有的在划船，有的在奏乐。另一边，唐高宗策马扬鞭，正忙着在上林苑用长

唐高宗猎豹

武则天乘龙舟

矛狩猎。边上有很多侍从，穿着袍衫，戴着幞头。虽然他们的姿态各不相同，但有一个共同的特点，穿的都是绫罗绸缎。整幅壁画像是给唐高宗和武则天拍的一张假日生活照。这里大家可能有个疑问：为什么唐高宗和武则天会出现在中亚康国的壁画里呢？而且从这幅壁画可以看出来，当时中亚粟特的画匠，对唐朝皇帝和皇后的生活习惯、对唐朝长安城的风光、对唐朝贵族的穿衣打扮了如指掌。其实放在当时的情景下，这一点都不奇怪！首先，在唐高宗和武则天统治时期，唐朝的疆域超过了汉代，超过了隋代，是我国历史上势力范围最广的朝代之一。其次，当时的唐朝由于经济发达，文化在当时也处于世界领先的地位，与世界许多国家的经济、文化交流非常频繁。所以通过这幅壁画可以发现，当时通过陆上丝绸之路，中亚康国与长安之间的交流，是非常之顺畅！

特别要指出的是，这幅壁画中的武则天，是一个划划龙舟、听听小曲的后宫女眷。实际上，我们都知道，武则天志向远大、善于用人、做事果断，是个杰出的政治家。公元 690 年，武则天称帝，很快她就展现了一个政治家的眼光。在对待西域的问题上，她的第一步就是收复安西四镇。安西四镇，指的是龟兹、于阗、疏勒、碎叶这四个地方，都是陆上丝绸之路上的战略要地。

永昌元年（公元 689 年）五月，武则天就派兵出征西域。当时在西域地区，唐王朝的主要敌人是吐蕃，不过这一次唐军出师不利，七月便被吐蕃击败。第二年，公元 690 年，武则天正式登基称帝之后，她并不甘心，再次派兵出征西域。这次出征她想起了颇具传奇经历的名将王孝杰。王孝杰这个人的经历非常传奇，唐高宗时期，他就跟随当时的工部尚书刘审礼出征过吐蕃，那次进攻，唐军大败而归，连将领王孝杰与刘审礼都成为吐蕃的阶下囚。在狱中，刘审礼因为伤病太重没有得到及时医治去世了。但同行的王孝杰却活了下来，为什么呢？原来有一天当时吐蕃的赞普看到了阶下囚王孝杰，发现王孝杰竟然长得非常像他的父亲，此后就吩咐手下的人，要对王孝杰以礼相待，不能怠慢，也因此王孝杰最终得以免死归唐。在吐蕃当俘虏的日子里，王孝杰已经明里暗里打听好了吐蕃的风土民情以及内部情况，知己知彼，仗自然就好打了。所以公元692年，当武则天命他率领军队再次出征西域时，王孝杰不负众望击败吐蕃，接连收复安西四镇。

> 王孝杰，京兆新丰人。少以军功进。仪凤中，刘审礼讨吐蕃，孝杰以副总管战大非川，为虏执，赞普见之，曰“貌类吾父”，故不死，归之。武后时，为右鹰扬卫将军。孝杰居虏中久，悉其虚实。长寿元年，为武威道总管，与阿史那忠节讨吐蕃，克龟兹、于阗、疏勒、碎叶等城。武后曰：“贞观中西境在四镇，其后不善守，弃之吐蕃。今故土尽复，孝杰功也。”乃迁左卫大将军。[1]

王孝杰作战胜利的消息传来，没有让朝野上下欢欣鼓舞，反而引发了朝堂上的激烈争论。打了胜仗不高兴，还要争论，这是为什么呢？原来安西四镇收复了，

1 〔宋〕欧阳修等，《新唐书》卷一百一十一《王孝杰传》，中华书局1975年版，第4148页。

收复之后是否继续驻守四镇，成了朝野上下最关心的问题。要知道，如果继续驻守四镇经营西域，国家需要动用大量的人力物力财力，因此朝廷里很多大臣都建议放弃西域。比如武则天一向都很重视的大臣狄仁杰就持反对的意见，他认为：应该拔除安西四镇的戍兵，然后将西域交给当地首领负责，这样就可以减轻朝廷的财政和人力负担。但是，此时的武则天却展现了一个成熟政治家的魄力和远见，她力排众议，认为经营好西域和丝绸之路，才是保证唐王朝安定和繁荣的上策！不仅不能放弃安西四镇，她还把安西都护府设在陆上丝绸之路北道的重镇——龟兹，而且对安西四镇增兵三万。武则天的这一决策，给此后一个世纪里，大唐对陆上丝绸之路的经营，做好了铺垫。丝绸之路的交流和往来逐渐迎来了高峰，东西方文明在交流和互鉴中蓬勃发展。

去完康国，接下来我要带大家去的第二个地方，是盛唐时期长安城里最热闹的大唐西市！唐代长安城气派威严、规划整齐。北边是皇宫，皇帝坐北朝南，君临天下。子民众星捧月，每个方格就是一个居民区。东市、西市是长安的两个商业区，东市是国内贸易，西市是国际贸易。关于西市，宋敏求在《长安志》中这样描述：

西市。隋曰利人市。南北尽两坊之地。市

> 内有西市局。隶太府寺。市内店肆如东市之制。长安县所领四万余户，比万年为多。浮寄流寓，不可胜计。市西北有池，长安中沙门法成所穿，支分永安渠以注之，以为放生池。[1]

从这段记载我们可以得到这么几个信息：第一，“浮寄流寓，不可胜计”，说明西市人口非常多；第二，西市“市内店肆如东市之制”，因此可以从东市的描写中，

大唐西市模型

1　宋敏求，《长安志》卷十，长安县志局民国二十年重印毕沅新校正本，第7页。

知晓西市的情况。比如，文献中记述东市，“东西南北各六百步”，从此可知西市的规模大抵也是如此。

不过关于西市的描写，最脍炙人口的，还是大诗人李白写过的一首诗《少年行》：“五陵年少金市东，银鞍白马度春风，落花踏尽游何处，笑入胡姬酒肆中。”这里的“金市”，指的就是著名的大唐西市。李白三言两语，就把西市的繁华表现得淋漓尽致。一位年轻的富家公子，骑着骏马，春风得意，在西市到处闲逛，逛累了，就去胡人开的高档会所，喝喝西域的葡萄酒，听听优美的龟兹乐，欣赏胡姬跳的舞蹈。这种生活，即使在现在，也是让人羡慕不已的。

西市是唐代长安城最大的贸易场所，也是丝路贸易的最大集散地，这里既是陆上丝绸之路商贸的起点，也是终点。从丝绸之路来的胡人到达长安后，一般都把货物带来西市贩卖，所以，这里也聚集了长安城里绝大多数的胡人。《大唐新语》中有一个故事，描写了唐代长安城里“追禁西市胡”的事。书上是这么记载的：

> 贞观中，金城坊有人家为胡索劫夺者，久捕不获。时杨纂为雍州长史，判勘京城坊市诸胡，尽禁推问。司法参军尹伊异判之曰：“贼出万端，诈伪非一，亦有胡着汉帽，汉着胡帽，亦须汉里兼求，不得胡中直觅。请

追禁西市胡，馀请不问。”纂初不同其判，遽命，沉吟少选，乃判曰：“纂输一筹。馀依判。”……俄果获贼。[1]

这则故事充分说明，在当时的长安城里胡人很多，跟汉人杂居；当时长安城里胡人最多的地方，就是西市。当然，西市不仅有胡人，而且还有不少中国商人也把店铺开在西市，向南来北往的外国人招揽生意。所以，作为东来西往的第一站，西市聚集了四面八方的能人异士，汇聚着世界各地的奇珍异宝。

唐 俑

1 〔唐〕刘肃，《大唐新语》第九卷，中华书局 1984 年版，第 138 页。

唐俑

西市作为一个国际化的贸易市场，不同国籍的商人在这里安居乐业，互相帮助，共同成长。比如，关于西市的商人，《乾月巽子·窦乂》中记载了一个故事：

> 乂尝有胡人米亮，因饥寒，乂见辄与钱帛。凡七年，不之问。异日，乂见亮，哀其饥寒，又与钱五千文。亮因感激而谓人曰："亮终有所报大郎。"乂方闲居，无何，亮且至，谓乂曰："崇贤里有小宅出卖，直二百千文，大郎速买之。"乂西市柜坊，锁钱盈余，即依直出

> 钱市之。书契日，亮与乂曰："亮攻于览玉，尝见宅内异石，人罕知之，是捣衣砧，真于阗玉，大郎且立致富矣。"乂未之信。亮曰："延寿坊召玉工观之。"玉工大惊曰："此奇货也！攻之当得腰带銙二十副，每副百钱，三千贯文。"遂令琢之，果得数百千价。又得合子执、带头尾诸色杂类，鬻之，又计获钱数十万贯。其宅并元契，乂遂与米亮，使居之以酬焉。[1]

意思是说有一个胡人叫米亮，来自中亚米国，就是今天的乌兹别克斯坦地区。他刚到长安经商的时候，生意做不起来，生活上饥寒交迫。西市里有个白手起家的富商叫窦乂。窦乂非常清楚白手起家不容易，所以每次见到米亮，都送他一些钱，或者一些丝绸。米亮也是一个有感恩心的人，一直想找机会报答窦乂。有一次机会来了，米亮发现崇贤里有座宅子要卖，就找到窦乂，跟他说："哥，崇贤里有座小宅子要卖，只要二百贯钱。您把那宅子买下来吧，肯定赚钱。"窦乂想了想，200贯钱也不贵，就直接叫人拿了钱，把小宅子买下来了。写契约的那天，米亮跟窦乂说："哥，我擅长看玉。这

1 〔宋〕李昉 等编，《太平广记》卷二百四十三，中华书局1961年版，第1877页。

个小宅里有一块捣衣石，我看了是块和田玉。”窦义听了，赶紧请了个玉工来看。玉工鉴定后对窦义说：窦老板，这不是捣衣石，是块正宗和田玉！你把它加工一下，可以做成二十多副腰带。如果每副卖百钱，一共就可以卖三千多文。窦老板，你是要发大财啊！”随后窦义就把这块玉加工成很多饰品出售，赚了很多钱。窦义也是个仗义之人，他没有忘记答谢米亮，就把买来的小宅子送给了米亮。这个故事里，按照一般人的思维，米亮看中了一个可以赚钱的宅子，其实他完全可以自己把这个小宅子买下来。但是他没有这么做，为了报恩，他把值钱的小宅子介绍给了窦义。窦义也不贪财，赚了钱，也感恩米亮，最后把小宅送给米亮。窦义的故事，虽然是文人创作的小说，但却是运用了写实的手法来创作的，窦义的故事也是来源于真实的生活。这个故事，从侧面可以反映出，唐代的西市里，中国商人和外国商人，和谐共处，相互帮助，相互扶持，并且产生了兄弟一般的友情。

大唐西市就是这样一个和谐而充满机遇的地方。依靠着丝路的畅通，这里催生了一大批富商。唐代李亢写了一本书《独异志》。当中记载了一个西市富商王元宝的故事。王元宝是什么人？据说他是个商人，家财万贯，是大唐首富。长安城里，无人不知，无人不晓。他名字里有元宝二字，当时的货币叫作开元通宝，也有元宝二字，所以后来老百姓就干脆把开元通宝直接叫作“王老”。一个人的名字就是货币的名字，这件事被唐玄宗知道了，他就想召见王元宝。王元宝得知皇帝要召见，有点紧张，心想，皇上叫我进宫，如果问我有多少家产，我怎么回答呢？不说吧，抗旨；说了吧，怎么能和皇帝比富呢？好像怎么说都不对。王元宝想了很久，结果他还真想出了一个办法。怎么说的呢？见到皇上那天，皇上果真问他，“王元宝，都说长安城里你最富有，你究竟有多少家产啊？”王元宝灵机一动，回答：“臣请求用丝绸捆终南山上的树。”终南山是长安城南边的一座山。“一棵树我捆一匹丝绸，等终南山上的树都捆完了，我的仓库里面还有丝绸。”王元宝就这么巧妙地回答了皇上，用丝绸显示了自己的财富。

大家可能觉得，王元宝这个人很聪明，在皇帝面前回答得很巧妙。但我有更大的感触。从这个故事中可以看出，第一，唐代西市，商人很多，也非常有钱。所以，当时的有钱人除了达官贵族，还有一大部分是商人，他们依靠商业贸易发家致富。第二，生意很大，市场繁荣。你想想，没有一定的市场规模，就不可能催生出王元宝这样的大富豪。第三，商人有钱，还不怕露富。这也说明唐代整个商业环境比较宽松。统治阶级自古以来都是“重农抑商”的，但在唐代，这个观念有了转变。也正是因为这种自上而下的转变，促进了丝路商贸的繁荣，促进了“锦绣盛唐”的发展！

最后，要去的是唐朝处理外交工作的地方——鸿胪寺！鸿胪寺，虽然带了一个寺字，但不是一所寺庙，它和大理寺、光禄寺一样，是唐朝中央政府的常设行政机构。大理寺，负责审理案件；光禄寺，负责祭祀朝会；鸿胪寺，则负责外交工作。在唐代，鸿胪寺的工作非常繁忙！因为这时，除了陆上丝绸之路，海上丝绸之路也发展迅速。据《新唐书·地理志》记载，当时有一条海上丝绸之路，被称为“广州通海夷道”，以广州为起点，经南洋、斯里兰卡、印度西岸到达忽鲁谟斯的乌剌，然后从乌剌出发向西航行，到达东非坦桑尼亚的达累斯萨拉姆。这一航道全长1.4万公里，途经100多个国家和地区，是当时世界上最长的远洋航线。

> 广州东南海行，二百里至屯门山，乃帆风西行，二日至九州石，又南二日至象石，又西南三日行，至占不劳山，山在环王国东二百里海中。又南二日行至陵山。又一日行，至门毒国。又一日行，至古笪国。又半日行，至奔陀浪州。又两日行，到军突弄山。又五日至海峡，蕃人谓之“质”，南北百里，北岸则罗越国，南岸则佛逝国。佛逝国东水行

四五日，至诃陵国，南中洲之最大者。又西出硖，三日至葛葛僧祇国，在佛逝西北隅之别岛，国人多钞暴，乘船者畏惮之。其北岸则个罗国。个罗国西则哥谷罗国。又从葛葛僧祇四五日行，至胜邓州。又西五日行，至婆露国。又六日行，至婆国迦蓝洲。又北四日行，至狮子国，其北海岸距南天竺大岸百里。又西四日行，经没来国，南天竺之最南境。又西北经十余小国，至婆罗门西境。又西北二日行，至拔䫻国。又十日行，经天竺西境小国五，至提䫻国，其国有弥兰大河，一曰新头河，自北渤昆国来，西流至提䫻国北，入于海。又自提䫻国西二十日行，经小国二十余，至提罗卢和国，一曰罗和异国，国人于海中立华表，夜则置炬其上，使舶入夜行不迷。又西一日行，至乌剌国，乃大食国之弗利剌河，南入于海，小舟泝流，二日至末罗国，大食重镇也。又西北陆行千里，至茂门王所都缚达城。

自婆罗门南境，从没来国至乌剌国，皆缘海东岸行；其西岸之西，皆大食国，其西最南谓之三兰国。自三兰国正北二十日行，经小国十余，至设国。又十日行，经小国六七，至萨伊瞿和竭国，当海西岸。又西六七日行，经小

> 国六七，至没巽国。又西北十日行，经小国十余，至拔离诃磨难国，又一日行，至乌剌国，与东岸路合。[1]

随着陆上丝绸之路的繁荣，以及海上丝绸之路的兴起，唐代的对外交往就忙碌了起来。根据现存的史料统计，唐朝与 199 个国家或部落民族有过交往，有 183 个国家曾经派出外交使臣前来朝贡。唐朝给这些国家的君主和使臣，提供非常优越的服务！不论哪个国家，只要来唐朝都欢迎，都以礼相待。从迎来送往到衣食住行，鸿胪寺把每一个细节都做到了极致。那鸿胪寺都有哪些主要工作呢？

第一，报销路费。根据国家的大小远近，给予不同等级的待遇。什么国家给多少路费，是有章可循的。根据《唐会要》记载：

> 蕃国使入朝。其粮料各分等第给。南天竺、北天竺、波斯、大食等国使，宜给六个月粮；尸利佛誓、真腊、诃陵等国使，给五个月粮。林邑国使给三个月粮。[2]

---

1 〔宋〕欧阳修 等，《新唐书》卷四十三《地理志下》，中华书局 1975 年版，第 1153— 1154 页。

2 〔宋〕王溥，《唐会要》卷一百，中华书局 1955 年版，第 1798 页。

就是说，唐朝的时候各个蕃国来朝贡，从天竺、波斯、大食，就是今天的印度、伊朗以及阿拉伯地区，这些比较远的国家来的使臣，路费是 6 个月粮。而尸利佛誓、真腊，就是今天马来西亚、柬埔寨等国家来的使臣，路费是 5 个月粮。从林邑，也就是今天越南来的使臣，是 3 个月粮。这说明唐代官员对于外部世界的情况是很了解的，政策制定得合情合理、有理有据。

第二，提供食宿。鸿胪寺有专门接待外国使臣的“涉外酒店”——鸿胪客馆，而且接待的工作效率还相当高，服务还非常细致。

> 凡酋渠首领朝见者，则馆而以礼供之。若疾病，所司遣医人给以汤药。若身亡，使主、副及第三等以上官奏闻。其丧事所须，所司量给。欲还蕃者，则给舆递至境。诸蕃使主、副五品以上给帐、毡、席，六品以下给幕及食料。丞一人判厨事，季终则会之。若还蕃，其赐各有差，给于朝堂，典客佐其受领，教其拜谢之节焉。[1]

1 〔唐〕张九龄，《唐六典全译》卷十八《大理寺鸿胪寺·典客署》，甘肃人民出版社 1997 年版，第 510 页。

唐代，日本派遣唐使来了十三次。新罗，也就是今天的朝鲜半岛，更加频繁，派遣使团一共八十九次。大食，也就是今天的阿拉伯地区，派遣使团来了三十六次。这些使团少则一百人，多则好几百人。按照职责，鸿胪寺的工作人员都尽量按照各个国家的风俗习惯，给他们准备好饮食，照顾好起居。使臣生病了，找医生来看病；如果使臣在长安不幸去世了，工作人员还要安排好他们的丧事；如果使臣想回去了，也要安排人把他们送到边境，还每个人都要送礼物，简直事无巨细，万分周到。

第三，封官加爵。唐代，在中央和地方做官的外国人数量相当可观。至于封什么官，加什么爵，都需要先由鸿胪寺提出初步意见，然后上报给朝廷批准。他们中有一些被封为将军。比如，公元 640 年，松赞干布仰慕大唐文明，派使者禄东赞到长安来提亲。唐太宗非常欣赏禄东赞，就封他为右卫大将军。唐代名画《步辇图》就把这一幕记录了下来。还有，公元 675 年，波斯最后一个王子卑路斯来到长安，唐高宗授予他右威卫将军。

第四，外交礼仪。中国是“礼仪之邦”，所以皇帝接见各国使臣前，鸿胪寺还要给大家培训外交礼仪。什么时候给皇帝行礼，什么时候就座，什么时候吃饭，都是有规矩的。今天，在西安乾陵，也就是唐高宗李治与武则天的合葬墓，神道东西两侧有“六十一蕃臣像”。

六十一蕃臣像

这些石像和真人的大小差不多，都穿着有各自国家特色的服饰，有翻领的、束腰的，但他们的姿势都和唐人一样，双手拱在胸前作揖，样子非常恭敬。

最后一项重要的工作，是安置留学生。所有留学生都安排在国子监上课，但学习和生活的费用都由鸿胪寺负责。他们来中国学习，不是十天半个月就回家了，有的学生学几年、几十年，甚至后来就留在了中国。有的留学生，学习能力特别强的，还考中了进士。进士，是唐代最难考的学位，也是官方的最高学位。比如，来自新罗的崔致远就中了进士。而且他中了进士以后，也不着急回去，反而入朝为官，在唐朝住了 16 年，还写了诗文，流传后世。还有一个叫李彦升的阿拉伯人，才华横溢，也考中进士，被皇帝钦点为翰林学士，也不急于回家。最出名的留学生，就是来自日本的阿倍仲麻吕了。他 19 岁跟着第八次遣唐使，来到长安，并被安排在当时的“国立大学”——国子监太学学习。阿倍仲麻吕学习非常用功，结业之后还参加了科举考试，获得进士及第的功名，后来还得到唐玄宗的赏识，去辅佐唐朝太子读书。在唐朝待了几十年之后，公元 753 年，阿倍仲麻吕思乡心切，打算返回日本。消息传出，阿倍仲麻吕的朋友圈沸腾了，朝野上下依依不舍，大诗人李白、王维都去送别，被传为一段佳话。

究竟是什么吸引着崔致远、李彦升、阿倍仲麻吕这些留学生呢？我认为是深厚的文化、优越的制度、难得的机会。鸿胪寺仅仅是一个缩影。唐代的长安城里，波斯的王子、突厥的将军、吐蕃的使者、西域的高僧、粟特的商人，来来往往，络绎不绝。他们有的在长安担任官职，有的做起生意，有的传授佛法，都纷纷安家落户，成为“新长安人”。我相信当时的长安城，就和今天的北京、上海一样，是一个国际化的大都市。

公元 647 年，唐太宗曾经总结他一统天下的成功经验，一共五条，其中一条提到“自古皆贵中华，贱夷、狄，

1 〔宋〕司马光，《资治通鉴》卷一百九十八，唐纪十四，太宗贞观二十一年，中华书局 1956 年版，第 6247 页。

朕独爱之如一”[1]。这种“世界大同、天下一家”的世界观，体现了一种博大包容和宽阔胸怀。我们可以体会到，唐人的精神世界已经不再局限于中原和华夏，而是一种海纳百川的勇气和自信。正是这样的勇气和自信，让我们在唐代看到了，丝绸用金的高超工艺、陆上丝路和海上丝路的繁荣。在我看来，这灿烂的金光，闪耀的不仅仅是丝绸的华美，更是大唐开放包容、兼收并蓄的丝路精神。唐代通过丝绸之路的对话与交流，改变了人和人之间的关系、国家和国家之间的关系，促进了人类文明的共同发展。我们今天所提倡的人类命运共同体的构建，就是这种精神的一脉相承。

这一讲我为大家介绍了封闭了一千多年的法门寺地宫。下一讲我将为大家解密，丝绸之路上另一个封闭了近千年的密室，在那里，中西文化交融，为人类造就了一个古典文化、艺术的宝库！

第五讲

藏经洞绢画之谜

不同于前面介绍的都是单件丝绸文物，本讲将要介绍的是一大批文物。这批文物有多少呢？一共有一千多件。这么一大批的丝绸文物来自哪里呢？它们来自古丝绸之路上的一间密室。这间密室的地理位置很特殊，它坐落在河西走廊的最西端，今天甘肃、青海、新疆的交汇处的敦煌莫高窟内，是敦煌莫高窟的第十七号洞窟，它还有一个更加响亮、世人皆知的名字——藏经洞！

藏经洞因出土了各种文书、经卷、绢画而闻名天下，但是藏经洞究竟是什么样的，面积有多大呢？我曾经去看过，藏经洞真的不大，可能就和您家的厨房差不多，只有大约七八平方米。就是这七八平方米，当年藏了五万余件文物，有佛教经卷、社会文书、刺绣、法器等文物，还有一千多件丝绸绢画。接下来，就重点介绍一下这一千多件丝绸绢画。

绢画，顾名思义，就是在丝绸上面画画。今天，我们都是在纸上写字画画，但明清以前优秀的书画作品大都是在丝绸上绘制完成的。有人可能会质疑，蔡伦在东汉就已经发明造纸术，而且被后人称为“四大发明”之一。为什么从东汉到明清一千多年过去了，人们还是更喜欢把画画在丝绸上呢？

自古书契多编以竹简，其用缣帛者谓之为纸。缣贵而简重，并不便于人。伦乃造意，用

> 树肤、麻头及敝布、鱼网以为纸。元兴元年奏上之，帝善其能，自是莫不从用焉，故天下咸称“蔡侯纸”。
>
> （《后汉书·蔡伦传》）

我认为，主要有两个原因。第一，早期的纸，质量达不到要求。而蚕丝织出来的绢帛，透、韧、薄，是最细腻、最高级的书画材料。第二，早期的纸，大小达不到要求。相比而言，丝绸比较宽、比较长，容易拼接，所以就成了中国古代书画的首选载体。最后，相比于普通的纸，丝绸更容易保存，甚至可以千年不坏。可以这么说，如果没有丝绸，也许中国古代很多名画，我们就看不到了。比如，《千里江山图》《清明上河图》可能也当不成今天的“网红”了。

藏经洞发掘出这么多丝绸绢画，现在它们存放在哪里呢？保存状况如何呢？很遗憾，这批绢画目前绝大部分都保存在英国、法国、印度和俄罗斯。为什么要专门介绍这批流失海外的绢画呢？其中原因说来话长。我跟这批绢画之间有一段缘分，我亲眼看过、复制过这批画。在参观、复制过程中，我发现它们真的很美，是中华民族的文化瑰宝，所以大家很有必要了解一下这批绢画。

我与藏经洞绢画的渊源，还要回溯到几年前。当时，我到敦煌莫高窟考察，在那里我见了著名的敦煌壁画，也看了藏经洞，了解到藏经洞里曾经藏了很多的绢画、丝绸经幡以及丝织物的残片。但是它们中最精品的一部分，被法国人伯希和带回了法国，今天藏在巴黎的吉美博物馆。

1907 年的敦煌藏经洞以及摆在洞窟甬道上的经卷

后来我每次去法国出差，都会专程去吉美博物馆，去看看那些美丽的敦煌丝绸艺术品。在吉美博物馆的展厅里，常年只展出 4～5 幅绢画，能够欣赏的数量非常有限，更多的绢画珍品都被保存在地下室的仓库里，普通人难得一见。我不甘心，既然来了，这个遗憾不能留，后来几次请法国朋友帮忙，向博物馆提出申请进入地下室，但每次都被拒绝。不过我没放弃，继续到处找人帮忙。可能是心诚则灵吧，后来终于如愿以偿，进到了博物馆的库房，近距离地观察了一百多幅来自敦煌藏经洞的绢画。这批来自丝绸之路上的绢画，有唐代的，有宋代的，时间跨度很大。其中，大的非常之大，展开有 3～4 平方米。小的呢，已经残缺不完整，大概只有几平方厘米。和壁画相比，这批绢画还是很有特点的。我总结了一下，有以下几点。第一，最直观的、给我印象最深刻的，是颜色。与壁画相比，绢画的颜色相对更鲜艳。为什么呢？我认为，壁画一直暴露在空气中，千百年来受到风沙的侵蚀。而绢画，一直被卷起来，长期被封闭在藏经洞里。那这些绢画是怎么被发现的呢？公元 1900 年，有一个名叫王圆箓的道士，在清理莫高窟的沙土时，无意中发现了藏经洞。洞门被打开的时候，这些绢画已

伯希和在被他称为“至圣所”的藏经洞中翻捡经卷
（努埃特摄影，1908 年）

经在洞里沉睡了近千年，但颜色如初。这个特点，对于研究壁画的色彩，是有很大帮助的。第二，相对壁画而言，绢画更细腻，更精致。道理其实很简单，因为壁画必须在洞窟里创作完成，墙面比较粗糙，创作条件也很艰苦；而绢画可以在洞窟外面、条件好的地方创作，丝绸材料也更加细腻。第三，绢画中很多的内容和题材，在敦煌壁画里都能找到相似的。这是后来我和敦煌研究院罗华庆老师交流，进一步了解到的。比如，下图这幅《华严经变》九宫格的构图和第 61 窟的壁画非常像；下一页上方这幅《千手千眼观音》和第 144 窟的壁画比较像；下一页下方的这幅《地藏菩萨》和第 384 窟的壁画也很像。当然，不是每一幅绢画都能在洞窟里面找到一模一样的，所以我说绢画和壁画是一个有机的整体，相互补充，相互印证。

MG26462　　莫高窟五代第 61 窟

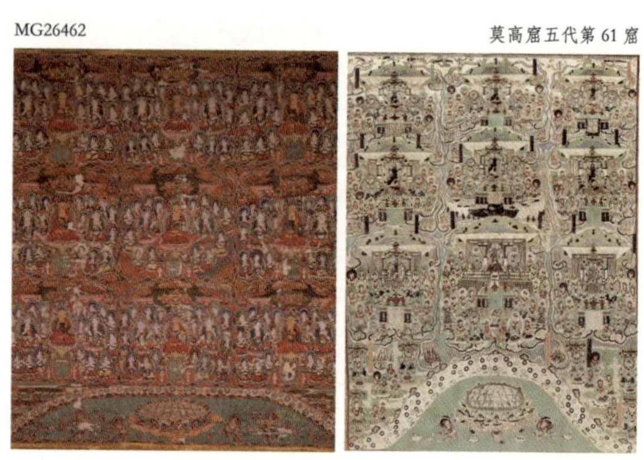

华严经变

MG17775

莫高窟中唐 144 窟

千手千眼观音图

MG17664

莫高窟五代第 384 窟

披帽地藏菩萨图

在吉美博物馆看完这些敦煌绢画，它们的艺术价值、文化价值让我久久心绪难平，走在塞纳河边，我想起当年从杭州远赴法国的常书鸿前辈，想起敦煌研究院的赵声良老师曾经说过，“国内很多老专家、老学者做了一辈子敦煌研究，都无缘看一眼敦煌遗画的真迹”。作为一个中国人，作为一个丝绸从业者，我觉得自己有义务做点什么。

回国后，我就想办法，让敦煌绢画以一种特殊的方式“回家”。朋友都劝我，这根本不可能。这么长的时间过去了，如果能“回家”早就回家了。于是我思考，既然真品回来的可能性极其渺茫，能不能把绢画按照原尺寸、原大小、高保真地复制“回家”呢？这个想法并不是凭空臆想，我们最新的技术是可以做到的。我们和来自清华大学、苏州大学及浙江理工大学的计算机、丝绸织造及染整专业的 7 位专家和技术人员，成立了一个专项工作小组，一起攻克采用无涂层微喷技术高清复制古画的课题。

技术解决了，最难的还是版权问题。经过一次次的沟通，我们的真诚最终打动了对方，同意了我们复制古画的请求。第一批我们复制了十三幅保存最完好的绢画精品。2013 年，我把首批复制的敦煌绢画捐给了敦煌研究院，让这些国宝在外流浪了一个世纪之后，以另一种形式“回家”！

观音经变图

华严经七处九会变相图

华严经十地变相图

地藏菩萨图

弥勒净土变相图

千手千眼观音图 一

千手千眼观音图 二

十一面观音经

五代时期后梁开平四年（公元 910 年）张承奉统治敦煌时期的绢画观音像

五台山文殊菩萨化现图

药师佛

经　幡

这两年，随着我对丝绸之路研究的深入，对于藏经洞里的绢画、对莫高窟的认识，也从它的艺术之美，开始转移到它背后所蕴含的文化含义。了解得越多，一个问题就越来越困扰我：

丝绸之路沿线有这么多的城市，为什么这样一座文化艺术宝库，这么多的绢画，偏偏出现在敦煌呢？这些绢画究竟是谁画的，又是做什么用的呢？

回答这些问题，先要从敦煌的地理位置说起。

在史料中，“敦煌”第一次出现，就是和丝绸之路息息相关的。我们都知道汉代张骞出使西域的故事。张骞为什么要出使西域呢？《史记·大宛列传》中记载“始月氏居敦煌、祁连间，及为匈奴所败，乃远去”。月氏，这个部落，最早是居住在敦煌和祁连山一带，后来被匈奴打败了，就向西迁徙，搬到更远的地方去了。张骞出使西域，就是奉汉武帝之命去寻找月氏人，目的是想和他们联合，共同抵抗匈奴。敦煌，就这样第一次出现在了史料中。公元前 121 年，河西走廊并入汉朝的版图。为管理好河西走廊，汉武帝先是在这里设立了武威、酒泉两个郡。大家注意，这时敦煌还很小，是隶属于酒泉郡的。直到公元前 111 年，汉武帝又设了张掖和敦煌两个郡。这样河西一共四个郡，分别是武威、酒泉、张掖和敦煌，史称“河西四郡”。为什么过了十年，汉武帝把隶属于酒泉郡的敦煌独立出来呢？这说明汉武帝已经认识到：敦煌位于中原王朝的最西边，是经营西域的前哨，要经营好丝绸之路，就必须经营好敦煌！

《汉书·西域传》一开始，就提到了“列四郡、据两关”。刚刚我已经讲了“四郡”，那“两关”又是什么呢？为了保障河西地区的安全，汉朝政府在敦煌城外，建了长城，造了烽燧，也就是烽火台，更重要的是，还设了两个关，守住西域进入中原的大门。这两个关，叫什么呢？一个叫阳关，另一个就叫玉门关。敦煌是最西边的城市，阳关、玉门关自然成了最西边的关口。这两个关口，功能和今天的海关其实是一样的。古人想过这个关口，也必须像今天一样，办理合法手续，持有官方的通关文牒，也就是护照，才能出关。

从敦煌出阳关或玉门关，就是西域了，所以敦煌确实是丝绸之路上非常重要的一站。那究竟重要到什么程度呢？

阳关故址

玉门关遗址

关于敦煌的重要性，我认为有一个人概括得最精准，这个人就是隋代的裴矩。在第三讲介绍“四天王狩狮纹锦”的时候，我提过，裴矩在经营西域的时候，他只待在张掖、敦煌这两个地方。在那里做什么呢？他主要就是找丝绸之路上的外国人聊天，与他们吃饭、喝茶、喝酒。在这个过程中，他收集了大量信息，写成了一本《西域图记》，共三卷，献给隋炀帝。这本《西域图记》既有地图，又有文字，可谓图文并茂，把西域四十四国的情况写得非常详细。那么大家一定会问了，裴矩的《西域图记》还能看到吗？很可惜，今天已经看不到了。但在《隋书·裴矩传》中，我们还可以很幸运地看到《西域图记》的序言。这个序言是这么写的：

> 发自敦煌，至于西海，凡为三道，各有襟带。北道从伊吾，经蒲类海、铁勒部，突厥可汗庭，度北流河水，至拂菻国，达于西海。其中道从高昌，焉耆，龟兹，疏勒，度葱岭，又经跋汗，苏对沙那国，康国，曹国，何国，大、小安国，穆国，至波斯，达于西海。其南道从鄯善，于阗，朱俱波，喝槃陀，度葱岭，又经护密，吐火罗，挹怛，忛延，漕国，至北婆罗门，达于西海。其三道诸国，亦各自有路，南北交通。其东女国、南婆罗门国等，并随其所

> 往，诸处得达。故知伊吾、高昌、鄯善，并西域之门户也。总凑敦煌，是其咽喉之地。[1]

裴矩说，当时经过敦煌通往西域，主要有三条路，分别是北道、中道、南道。北道，从敦煌出发，往伊吾方向走，伊吾也就是今天的哈密。中道，从敦煌出发，往高昌方向走，高昌也就是今天的吐鲁番。南道，从敦煌出发，往鄯善方向走，鄯善也就是今天的若羌。三条道路虽然方向不同，但“总凑敦煌，是其咽喉之地”。这里，裴矩说得清清楚楚、明明白白。敦煌，就是丝绸之路的“咽喉”。纵观历史，无论丝绸之路的路线怎么变化，敦煌一直没有变，一直都是丝绸之路的咽喉要塞。

既然敦煌是丝绸之路上的咽喉要塞，行走丝绸之路的商人们带着丝绸、茶叶、香料、玉石等交易物品，必须经过这里；世界各地的使者、高僧、探险家，来来往往，也必须在这里停留。因此，敦煌，也就成了国际贸易中转的敦煌，兵家必争的敦煌，中西文化荟萃的敦煌。季羡林先生曾经说过，世界上历史悠久、地域广阔、自成体系、影响深远的文化体系只有四个：中国、印度、希腊、伊斯兰，再没有第五个；而这四个文化体系汇流的

1　〔唐〕魏徵，《隋书》卷六十七，中华书局2010年版，第1580页。

地方只有一个，就是中国的敦煌和新疆地区，再没有第二个。因此，敦煌的兴衰，就和丝绸之路的兴衰，紧密相连、同频共振。得益于先天的地理优势，在丝绸之路的繁荣时期，敦煌也必然是无比繁华的，而且经济交流的同时，也带来文化艺术的交流，所以一大批精美的绢画会出现在这里，也就不奇怪了。

让我们再来看另一幅敦煌藏经洞中的绢画。这幅绢画高 106.6 厘米，宽 58.1 厘米，是北宋时期的作品。这幅画非常出名，是第一批从莫高窟藏经洞流失的敦煌绢画。当年王道士偶然发现藏经洞后，曾去找过敦煌县令严泽。只可惜，严泽把两卷经文当作发黄了的废纸，一笑了之，根本就没重视。

藏经洞绢画　北宋

公元1902年，王道士又从藏经洞中挑选了几幅字画，徒步几十里，再次赶往县城，找到继任县令汪宗翰，向汪宗翰报告了藏经洞的情况。在王道士送给敦煌县令汪宗翰的书画中，就有这幅绢画。这幅画的一大特点是，色彩特别鲜艳。今天，这幅画历经颠簸，漂洋过海，藏于美国的弗利尔美术馆，至今保存完美，实属罕见。

我们可以想象，如果把藏经洞里的一千多幅绢画全部打开，排列整齐，那会是何等的盛况！它们中有唐代的作品，也有宋代的作品，时间跨越五六百年。可以想象，古丝绸之路上的敦煌，当年是怎样的热闹、怎样的繁华！那么，除了先天的地理优势，还有哪些关键因素，让敦煌一步步成为丝绸之路上的商贸重镇呢？敦煌是天生就与丝绸、与丝绸之路紧密相连吗？藏经洞会出现在敦煌，除了地理因素之外，还有什么人为的因素吗？

回答上面的问题，我想带大家，在三个不同的历史时间点上，去看看敦煌。

第一个时间点，带大家回到三国时魏明帝曹叡在位时期。我们知道，曹叡是曹操的孙子，曹丕的大儿子，他们三人并称为“魏氏三祖”。公元227年，曹叡给敦煌派了一个新的太守。这个太守名叫仓慈。这个被派到敦煌当太守的仓慈是个怎样的官员？他治理下的敦煌又会是什么样呢？《三国志·仓慈传》是这样记载的：

仓慈字孝仁，淮南人也。始为郡吏。建安中，太祖开募屯田于淮南，以慈为绥集都尉。黄初末，为长安令，清约有方，吏民畏而爱之。太和中，迁敦煌太守。郡在西陲，以丧乱隔绝，旷无太守二十岁，大姓雄张，遂以为俗。前太守尹奉等，循故而已，无所匡革。慈到，抑挫权右，抚恤贫羸，甚得其理。旧大族田地有余，而小民无立锥之土；慈皆随口割赋，稍稍使毕其本直。先是属城狱讼众猥，县不能决，多集治下；慈躬往省阅，料简轻重，自非殊死，但鞭杖遣之，一岁决刑曾不满十人。又常日西域杂胡欲来贡献，而诸豪族多逆断绝；既与贸迁，欺诈侮易，多不得分明。胡常怨望，慈皆劳之。欲诣洛者，为封过所，欲从郡还者，官为平取，辄以府见物与共交市，使吏民护送道路，由是民夷翕然称其德惠。数年卒官，吏民悲感如丧亲戚，图画其形，思其遗像。及西域诸胡闻慈死，悉共会聚于戊己校尉及长史治下发哀，或有以刀画面，以明血诚，又为立祠，遥共祠之。

自太祖迄于咸熙，魏郡太守陈国吴瓘、清河太守乐安任燠、京兆太守济北颜斐、弘农太守太原令狐邵、济南相鲁圈孔乂，或哀矜折狱，或推诚惠爱，或治身清白，或擿奸发伏，咸为良二千石。[1]

这段讲了什么？首先，仓慈这个人非常能干。建安年间，曹操安排他在淮南屯田，他工作非常出色；曹丕在位的时候，他升官担任“长安令”，就是长安的一把手。仓慈为官清廉，依法办事，下级官员和老百姓对他是既爱戴，又敬畏。

其次，身为敦煌太守的仓慈是一位想干事、能干事的好官。此话怎讲？仓慈刚调来敦煌的时候，可谓是接了一手烂牌。当时由于战争的原因，丝绸之路并不畅通，敦煌与中原联系并不非常密切，敦煌太守这个位置空缺了二十多年。当地豪强仗着天高皇帝远，肆意妄为。商人长期没有生意做，百姓们更是有苦没地方说。

仓慈是一个胸中有丘壑的官员。既然当地豪强肆意妄为，是一块难啃的骨头。仓慈就下定决心，要把这块骨头打碎了，拆开后，一点一点慢慢啃。具体怎么啃呢？

第一步，分田地。当地的土豪有很多地，但贫苦百姓却连“立足之地”都没有。仓慈就想了个招，把土豪闲置的土地分给贫苦百姓，让百姓有地可种。但仓慈这么想，土豪怎么会同意呢？对于土豪来说，我的地是我

1 〔晋〕陈寿 撰，〔宋〕裴松之 注，《三国志》卷十六《魏书十六·仓慈传》，中华书局 1999 年版，第 385—386 页。

的，闲着也是我的。仓慈早就想好了对策，他找人把土地的价格算出来，让分到土地的百姓，慢慢交钱，归还土地成本，相当于今天的分期付款，另外百姓还要交纳一定的税收。这个办法好啊！让有地的人、种地的人、管地的人，都有钱赚，各方得利、一举多得！

仓慈

第二步，快办案。原来敦煌的官员们不作为，成天打打酱油，案件堆积如山。仓慈一来，亲自审案，善恶分明。只要不是犯了特别严重的罪行，仓慈用棍子惩罚，然后就放人了。政府的工作效率大大提高。

第三步，也是重点，为丝路贸易保驾护航。敦煌，地理位置优越，来往商人众多，商业很繁荣。林子大了什么鸟都有，当地豪强也盯上了这块大肥肉。比如，一些西域商人想去给皇帝朝贡，走到敦煌就被当地豪强拦下了。还有一些商人来敦煌做生意，这些豪强在生意上欺诈他们。到敦煌来做生意，别说赚钱了，能保个本就不错了。日积月累，时间长了，谁还敢来敦煌做生意啊？！仓慈上任就发现这个情况，立马采取行动。他左手严厉制裁欺行霸市的豪强；右手呢，安抚丝绸之路上的商人。当时曹魏的首都在洛阳，如果遇到想去洛阳的商人，仓慈就为他们办理通行证。这些在我看来，都是仓慈的常规工作。我认为，仓慈做的最大的贡献，就是创建了一个保证丝绸之路商人盈利的商业模式。到敦煌来做生意，无非是一个想买，一个想卖。仓慈是这么做的，遇到想在敦煌卖商品的，官府就用一个公平的价格，把他们的货物买下来。遇到想在敦煌买商品的，官府就用所存的货物与他们交换。商人们出关时害怕被打劫，官府还派专人护送，确保他们的生命财产安全。仓慈真的是做了一件大事，在先“利他”的基础上实现互利共赢：让所有的商人来敦煌，都能赚钱，还有安全保障！所以，我说仓慈是一个想做事、敢做事，还能做成事的好官！

后来，仓慈在任上过世。敦煌的百姓非常伤心，他们纷纷捐款，为仓慈修庙、塑像。西域商人听到这个消息，也都自发地聚集起来，表示哀悼。做官能做到这个程度，硬是把一副烂牌，打成了一副好牌，真的非常了不起！仓慈之后，还有王迁、赵基、皇甫隆等敦煌太守，都遵循仓慈所立的制度，使敦煌继续保持丝路贸易的繁荣和丝绸之路的畅通。

这个故事告诉我们，敦煌能够成为丝绸之路上的商贸重镇，除了得天独厚的地理位置，更重要的是，有像仓慈一样的官员在真正用心经营治理丝绸之路。

第二个时间点，带大家回到唐代，唐太宗在位时期。唐代是丝路最畅通、贸易最繁盛的时期，自然也是敦煌的鼎盛时期。大家可能不一定知道，当时从长安到敦煌还有一条“高速公路”。我这么说是有依据的。著名诗人岑参说“平明发咸阳，暮及陇山头”，生动地说明了当时骑马速度之快。这个“高速公路”沿途还有休息站，也就是驿站。仅仅敦煌附近就建有十几个驿站。那中原人到敦煌，最爱带什么呢？根据敦煌的史料记载，当时中原来敦煌的人，都会带上丝绸，即使家里没有丝绸，借了丝绸也要带来敦煌。为什么呢？大家肯定感觉有点奇怪？其实这一点都不怪！因为唐代有“钱帛兼行”的政策。尤其是在公元734年，唐玄宗李隆基还下令“自今已后，所有庄宅，以马交易，并先用绢布绫罗丝绵等”[1]，意思是大宗交易，买田地、买房子、买马匹，都优先考虑用绢帛进行交易。后来专家们在敦煌发现了近百件契约文书，当中的交易，没有一件是用到铜钱的，都是用

1 〔宋〕王溥，《唐会要》卷八十九，中华书局1955年版，第1627页。

的丝绸。可见唐代在敦煌，在丝绸之路上，丝绸可比铜钱好用得多！也可以这么说，丝绸在丝绸之路上，起到了国际货币的作用！

但是，现在我要讲的这个唐代的时间点，比较特殊，是唐太宗李世民在位的贞观初年。当时唐朝刚刚建国不久，为防止边疆不稳定，朝廷在河西一带设防极严，百姓不能随意西行。这时，有一位二十多岁的年轻人下定决心，我要西行。世界这么大，我想去看看。这个年轻人是谁呢？就是家喻户晓的玄奘，是《西游记》中“唐僧”的原型。当然，玄奘的这次西行，由于当时的历史条件，没有得到官方许可。

其实历史上，早在玄奘之前，沿着丝绸之路长途跋涉的僧人很多。比如，三国时期的朱士行，他走到了南疆的于阗；东晋时期的法显，他走到了天竺，也就是今天的印度，又从海上丝绸之路回到中原；还有从西方来我们中国的，东晋时期的鸠摩罗什，从龟兹国来到长安；南北朝时的真谛，从印度走海上丝绸之路来到建业，也就是今天的南京。那么，玄奘是如何西行的呢？

“理想是丰满的，现实是骨感的”，这话用在玄奘身上，一点都不为过。玄奘经过河西走廊，到了玉门关。前面我说，要堂堂正正出玉门关，那必须要什么？通关文牒，但是玄奘西行没有得到官方许可，自然就没有通关文牒，那怎么办呢？只有一条路——偷渡。他运气不错，找到一个胡人做向导。这个胡人还给他换了一匹老马。晚上，胡人带着他，沿着玉门关边上的瓠芦河往上游走，走了大约十多里，偷偷摸摸地渡过河，出了关。后来，在一名信佛军官的帮助下，他越过了五座烽燧，踏上通往西域的茫茫沙漠。

接下来的一程，是玄奘西行中最艰苦的一段。这段路长八百里，上无飞鸟，下无走兽，道路的标志只有动物和死人的枯骨。玄奘深知这一路的艰难，他还是坚定地往沙漠深处走去。几天以后，路上发生了一件意外的事，差点要了玄奘的命。什么事呢？路上玄奘要喝水，一不小心打翻了水囊。在沙漠里，水就是命啊！如果普通人，这个时候，一定立马掉头，补充水源。但你设想一下，玄奘能回去吗？他没有通关文牒，掉头回去取水，再出来就更难了。理想和现实，都没有留给玄奘更多的选择，他只能"宁愿向西而死，绝不往东求生"。后面的故事，可能大家听过。玄奘没有停下来，而是继续向西前行，五天四夜，路上没有喝到一滴水，甚至还产生了幻觉。这时候，玄奘可谓奄奄一息。最困难的时候，能有人来救救他吗？有！谁呢？就是玄奘身边的老马。玄奘的老马可不一般，在这条路上来来回回走了十几趟，对这条路相当熟悉。第五天的夜里，就在玄奘生死存亡之际，玄奘的老马突然来了精神，凭借多年的丰富经验，一路狂奔，带着玄奘找到了水源。玄奘终于渡过了难关！

这真的是“老马识途”！

……从此已去，即莫贺延碛，长八百余里，古曰沙河，上无飞鸟，下无走兽，复无水草。是时顾影唯一，心但年观音菩萨及《般若心经》……时行百余里，失道，觅野马泉不得。下水欲饮，袋重，失手覆之，千里之资一朝斯罄。又路盘回不知所趣，乃欲东归还第四烽。行十余里，自念我先发愿，若不至天竺终不东归一步，今何故来？宁可就西而死，岂归东而生！于是旋辔，专念观音，西北而进。是时四顾茫然，人鸟俱绝。夜则妖魑举火，烂若繁星，昼则惊风拥沙，散如时雨。虽遇如是，心无所惧，但苦水尽，渴不能前。是时四夜五日无一滴沾喉，口腹干燋，几将殒绝，不复能进，遂卧沙中默念观音，虽困不舍。启菩萨曰：“玄奘此行不求财利，无冀名誉，但为无上正法来耳。仰惟菩萨慈念群生，以救苦为务。此为苦矣，宁不知耶？”如是告时，心心无辍。至第五夜半，忽有凉风触身，冷快如沐寒水。遂得目明，马亦能起。体既苏息，得少睡眠。即于睡中梦一大神长数丈，执戟麾曰：“何不强行，而更卧也！”法师惊寤进发，行可十里，马忽异路制之不回。经数里，忽见青草数亩，下马恣食。去草十步欲回转，又到一池，水甘澄镜澈，下而就饮，身命重全，人马俱得苏息。计此应非旧水草，固是菩萨慈悲为生，其志诚通神，皆此类也。即就草池一日停息，后日盛水取草进发，更经两日，方出流沙到伊吾矣。此等危难，百千不能备序。[1]

（《大唐慈恩寺三藏法师传》）

后来，玄奘抵达了高昌。在高昌国王麴文泰的资助下，玄奘从“穷游模式”，升级到“豪华游模式”，顺利抵达印度。十七年后，公元643年，他沿着丝绸之路载誉而归。唐太宗还专门派敦煌太守，前往迎接。敦煌太守为此做了一件大事，他把阳关前面的路修得宽阔无比。今天你去阳关，还能看到这条大道，也就是大家常说的阳关大道。阳关大道的成语就是这么来的。

讲这个故事，大家可能会感受到，丝绸之路不是全部都很难走，河西走廊这段还好，有驿站；新疆这段也还好，有绿洲。但特别难走的一些路段，比如敦煌和吐鲁番之间的这段，一路上的艰险，是你根本无法想象的。

1　〔唐〕慧立，《大唐慈恩寺三藏法师传》中外交通史籍丛刊，中华书局1983年版，第16—17页。

我到过吐鲁番，就是当时的高昌国，和当地的考古老师交流过。玄奘九死一生的这段叫作“大海道”。我去体会了一下，走戈壁、走沙漠到底有多难。于是，就背了包，带了水，一个人在沙漠里走了一程。说实话，还真的不好走！首先，是来自环境的艰苦。今天我们有墨镜、有帽子、有运动鞋，带着装备，哪怕头顶烈日、脚踩黄沙，还是能坚持的。让我觉得难以忍受的是，沙漠里的风，风里全是沙子，我戴着墨镜眼睛都睁不开。可以联想一下古代走丝绸之路的人，条件是非常艰苦的。但这不是最让人难受的，最让人难受的，除了身体上的艰苦，还有来自心灵上的煎熬。一眼望去四周全是沙，没有一点绿色。明明走了很久，停下来一看，根本没走多远。这

沙漠远眺

种状态下，没有人、没有动物、没有方向、没有声音，人是很容易焦虑的。这时候，我体会到了“驼铃悠悠”是世界上最好听的声音！为什么呢？因为“叮铃、叮铃”的驼铃声，告诉我“我还活着！”最后，如果再遇到点困难，迷路了、被抢了、生病了、水打翻了，这时候没有强大的精神力量支撑，人绝对分分钟就会垮掉！想想玄奘，水囊倒翻了，还能继续坚持向前行走五天。只要他在途中有一点点的动摇和犹豫，那玄奘可能就会成为沙漠中的“路标”了。

行走沙漠

所以，我认为丝绸之路本没有路，是这些东来西往的勇士们靠着信念，走出了一条路！敦煌文书，敦煌壁画，都记录了商队来往、商品汇聚，以及敦煌曾经繁荣的景象。其实在这些繁荣的背后，是一代代丝路人的付出和努力。唐代著名诗人张籍有一首诗叫《凉州词》，其中有一句是“无数铃声遥过碛，应驮白练到安西”。

悠悠驼铃声，于外人而言是美妙的音乐，于行走在丝绸之路上的人，那是无尽的孤独。要把白练，这些中国的丝绸运到西方，一路多么不易啊！在敦煌莫高窟里，有很多反映丝绸之路商旅活动的壁画。比如，大家可以通过“数字敦煌”，看到第420窟窟顶东坡壁画《观世音普门品》，就描绘了商人出发前祈祷、给骆驼喝水、驼队遇险、坠崖、货物散失、强盗掠夺、官吏刁难等内容。还有第45窟壁画《观音经变》，也有西域商人遇盗的场面：一队西域商人，身后的骡马上驮着的全是丝绸，这时候一群强盗忽然从山岩后面跳出来，举着长刀，挡住商队的去路，威胁他们放下货物。商人们惊恐万分，为首年长的商人不得已将货架卸下，献出丝帛、金银和从中原买的书籍简册，哀求强盗。

从玄奘的九死一生，到敦煌壁画中的各色商人，我们可以知道，丝绸之路充满了天灾和人祸，也可以想象行走在这条道路上的人，要把中国的丝绸运到西方，或者要完成心中理想，需要何等的勇气与坚定的信念！我认为，丝绸之路就是一条信念之路，一条勇敢者之路。

为什么莫高窟偏偏出现在敦煌？为什么藏经洞偏偏出现在敦煌？讲到这里，我想已经回答了这个问题。那个时代，当西面来的商人，跋山涉水，历经重重磨难，终于走到中原的第一片绿洲、第一座城市时，他们的心情一定是非常激动的，他们会感谢上天的保佑，所以建窟、供奉，以表诚心。而从东往西去的商人、使者，在进入戈壁、沙漠之前，就像玄奘一样，经历九死一生之前，也会停留在敦煌，做最后的补给，他们也会期待得到上天的保佑，祈求逢凶化吉，一路平安，所以也会建窟、供奉。多民族的商人在这里寻求精神的寄托，多元文化和艺术在这里交融绽放。我认为，这是莫高窟出现在敦煌的一个很重要的原因。

最后一个时间点，是明代万历年间。主人公是一个外国人。这个外国人是谁呢？他中文名叫鄂本笃，是一个葡萄牙人。公元1602年10月，他从印度出发，跟随商队，翻越帕米尔高原，花了整整三年，走到了嘉峪关。说到嘉峪关，我们都比较熟悉，它号称“天下第一雄关”，它始建于公元1372年，是明代的开国皇帝朱元璋所建。朱元璋称帝后，修起了一堵高高的墙，从西面的嘉峪关，一直到东面的山海关，有多长呢？有八千多公里。另外，朱元璋在东边沿海一带，也逐步建起了严密的海防设施，从北面的辽东半岛到南面的海南岛，树立起了一道无形的墙。我们知道，嘉峪关更加靠近酒泉。所以嘉峪关大门一闭，敦煌成了关外的一座孤城。这一关，孤立了我们自己，更孤立了大明和这个世界。

那么，鄂本笃为什么来中国呢？其实他有两个目的，第一个，他是希望探究一下《马可·波罗行记》中提到的“契丹”，究竟是不是中国，第二个目的，他是希望能够探索一条经由陆上来中国的道路。前面我们说过，鄂本笃从印度出发，到嘉峪关，花了整整三年时间。当年，玄奘走这条路时，非常不好走，几百年过去了，当鄂本笃走这条路的时候，依旧是充满了艰险。他翻雪山，穿沙漠，经历了最恶劣的天气，有时几天没有水喝，还遇上强盗土匪，虽然几次死里逃生，鄂本笃还是牢记自己的使命，一直充满希望与期待。但是走到了肃州，也就是今天的酒泉，鄂本笃却被困住了，从希望渐渐变成了一种绝望。

为什么呢？因为他虽然历尽千辛万苦走进了明王朝的大门，却再也不能往前走了。他在日记里写道，当时明王朝的朝贡制度规定，西域每六年只可以派 72 人来中原朝贡，商人们为了争夺名额，展开激烈的竞争，并向有权决定此事的商队队长行贿。所以，凭鄂本笃的条件，想拿到进京名额，可能性太小了。这时的鄂本笃进也不是，退也不是。他想起了一个“欧洲老乡”——利玛窦。利玛窦是意大利人，多年前他来到明王朝，已经定居北京，结交了很多达官贵人。于是鄂本笃给利玛窦写了一封信，希望利玛窦能帮助他进京。写完信以后他也不能干等着呀，他自己也开始想办法。他卖掉了自己的货物，一方面他需要维持自己和仆人的日常花费，另一方面要疏通各层关系，希望能够早日拿到进入中原的名额。非常可惜，鄂本笃的第一封信，石沉大海。一年以后，鄂本笃又写了一封。这一次，利玛窦终于收到了鄂本笃的信，并派修士钟鸣礼去接鄂本笃。这个时候，距离鄂本笃离开印度，已经四年了。公元1607年3月，钟鸣礼终于见到了鄂本笃。但他看到的景象，却让他心痛不已。这个时候的鄂本笃患上了重病。鄂本笃双手捧着利玛窦写给他的信，泪流满面，不能自已。在见到钟鸣礼11天后，他满怀遗憾去世了。肃州，成为鄂本笃付出全部努力，可以到达的最后地点。我想，鄂本笃自己也没料到，他行走丝绸之路，躲过了天灾，躲过了人祸，躲过了恶劣的自然环境，最后倾尽全力，却被明朝的对外政策，挡在了关外。

耶稣会会员葡萄牙人鄂本笃被选访契丹国

昔威尼斯人马可孛罗尝著书详记契丹国事，名震欧洲。惟世代湮远，人已忘之。甚有谓为寓言，世间确无此国者。耶稣会神父之居莫卧儿朝廷者，尝致书于居住印度西部之同事人，叙述回教徒传说。谓契丹国更在东方，位于莫卧儿王国之北。此虽旧事重提，而实新闻也。诸神父并深信其地有嫉妒教牧师、寺院、僧侣、祈祷等也。……皮门塔乃则吾会会员鄂本笃当此行。……由哈密行九日，抵支那国北方之长城。此城世界著名。停留处曰嘉峪关。

在此休息二十五日，以待是省总督之回音，可否入。至后总督覆音许入，于是起身。行一日而抵肃州，在此闻得北京及其他以前所知各地名。至是时，鄂本笃心中最后 怀疑始全去，契丹即支那，同地而异名而已。……肃州城为西方商贾荟聚之地。西方有七八国，与支那帝国素有协约。每六年，西国可遣派使者七十二人入贡。过此数，则不需入境。所贡之物为玉石、小金刚石、绀青及其他各种物品。此类使节，多商人冒充。往北京及归回之费用，皆有公家支出。所谓贡献，不过好虚荣，受外国礼物，而不酬以重价，自以为耻莫大焉。皇帝待遇外宾，礼赐隆厚。平均计之，必须费用之外，没人可余黄金一的由克脱。以此之故，此等商人，冒称国王代表，伪造果树，谀媚皇帝。自交趾支那、暹罗、琉球、高丽及鞑靼诸部酋长，亦有相似之使节来朝，耗费国帑，难于数计。支那人亦皆知此为伪，然皆任其皇帝之被欺瞒，从而进以甘言，谓举世皆皆臣贡于支那帝国，而不知支那实入贡各国也。……鄂本笃以一千六百零五年末抵肃州。……在肃州时，又遇萨拉森人一队，适自北京归回。所言北京吾会同时诸人情况，与以前所闻者相合，惟更夸诞耳。如谓皇帝给教士日用之银，不以手数之，而用斗量之。鄂闻悉后，乃寄书神父利玛窦，告以已安抵中国边境。书交某中国人转呈。鄂不知诸神父之中国式名姓及北京寓处，书面又用欧文。故书竟未得达。

复活祭日，复作第二书，此书交于回教徒某君送往。……第二书，鄂详述其履行起源及目的，并祈诸神父设法，能使其离肃州圈狱，免终日与萨拉森人为伍，恢复其与诸神父自由交通之乐，并言将来欲由海道归印度。……此书于十一月中始达北京。时已近岁终，诸神父即设法遣同会会员一人，往偕之来京。继思之，遣外国人往，不独无济于事，且恐有害，故弃前谋，而别遣一新收学生。生名约翰肥的南德（即钟鸣礼）……

鄂本笃困守肃州时，受回教徒骚扰凌虐，较在途间尤甚。肃州食物价昂，不得已，乃将所携大块玉石，以半价出售。得黄金一千二百的由克脱。此数大半，用以还债。余则用以维持同伴生活，几于全年之久。鸦儿看同起行之商队及队长，至是亦抵肃州。鄂以先到，不得不示欢迎，招待全队，所费不赀。囊中已空，不得不借债以维持同伴。更难堪者，鄂被举为

> 七十二大使之一，不得不再购玉石数块，以作贡品。鄂将所购玉石，埋藏地下一百磅。以防回教徒窃取。若无此物，则断不能同行往北京，故不得不慎也。
>
> 约翰肥的南德（即钟鸣礼）于是年十二月十一日，离北京……始于以前六百零七年三月杪抵肃州。
>
> 约翰肥的南德见鄂时，鄂本笃几死。……约翰肥的南德极力慰藉之，护养之，希望不久体力可以复原，同至北京也。然此时体力亏耗殆尽。肃州无良医妙药，除约翰肥的南德亲自调制之欧洲菜食外，别无他法可以救之。饮食不宜，病势加重。肥的南德抵肃州后十一日，鄂竟病死。然颇疑其为回教徒所毒也。[1]

明代的丝绸之路，官方主导的朝贡贸易仍在进行，但是与前朝相比，民间的丝路贸易已经失去了那种欣欣向荣的生命力。而敦煌，这个与丝绸之路共兴衰的城市，变成了嘉峪关外一座孤独的小城。敦煌，这座曾经见证丝绸之路文明交流的城市，就像划过天际的流星，辉煌

---

1 董必武，《中西史料汇编》第一册，中华书局 1977 年版，第 408—440 页。

灿烂之后，归于平静。

从这三个不同的时间点，我们会发现，虽然敦煌与丝绸、与丝绸之路的渊源，得益于敦煌先天的地理优势，但是敦煌、丝绸之路的兴衰，却和人息息相关。通过被封存在藏经洞里上千年的丝绸绢画，我们认识了敦煌。通过敦煌，我们看到了陆上丝绸之路的兴与衰。一个城市与丝绸之路的关系，让我们深深感受到，丝路通时，中国强；中国强时，则丝路更通。

敦煌是中国的，也是全人类的，敦煌的艺术与文化是永恒的，它永远永远都读不完。下一讲，我会为大家带来另一件丝绸国宝——郎世宁的《百骏图》！

第六讲

郎世宁『百骏图』之谜

本讲的丝绸国宝可谓是“大有来头”！它和大名鼎鼎的《千里江山图》《富春山居图》《清明上河图》等十幅名画，并称为“中国十大传世名画”。它就是清代画家郎世宁的代表作——《百骏图》。骏，是骏马的意思。《百骏图》，顾名思义，就是画了一百匹千姿百态骏马的图画。

百骏图 局部（台北故宫博物院绢本）

《百骏图》看似和丝绸之路、丝绸毫无关系，其实不然。首先，这幅画就是画在丝绸上的。不包括装裱，它纵向 94.5 厘米，横向 7.76 米，展开后，是一幅很长的彩色绢本画，也就是一幅丝绸画。在上一章我介绍过，丝绸具有韧、透、薄的特点，一直是中国古代书画的首选载体。其次，这幅《百骏图》的诞生和丝绸之路有着非常深厚的渊源。下面我们就从这幅画的画家、画法、画风与海上丝绸之路的联系开始介绍。

首先，我们来说说这幅画的作者——郎世宁。他是个外国人，就是沿着海上丝绸之路来到中国的。郎世宁出生在意大利一个重要的城市——米兰。米兰是一个艺术氛围特别浓厚的城市，而且还是文艺复兴的圣地。达·芬奇这样伟大的艺术家，就曾在米兰生活过。对于米兰我也比较熟悉，也经常去，从米兰开车往北半个小时，就到了丝绸人都知道的一个城市——科莫。科莫，就是意大利的“丝绸之

郎世宁

府”。从 14 世纪开始，中国的丝绸技术就沿着丝绸之路传到意大利，18 世纪初，大概就是清朝前期的时候，意大利的丝绸产业已经非常成熟了。同时，这个时候文艺复兴结束，在意大利米兰，以光学、透视学为基础建立起来的绘画体系也确立了。郎世宁从小就受到文艺复兴的影响，熟练地掌握了西方绘画的技巧。康熙五十四年，也就是公元 1715 年，二十七岁的意大利画师郎世宁沿着海上丝绸之路来到中国，进入清朝宫廷。

百骏图 局部（台北故宫博物院绢本）

再说画法。看左图这幅画的构图，很容易就可以发现，前面的马大，后面的马小；前面的马实，后面的马虚；前面的笔墨重，后面的笔墨轻。这是典型的西方透视学方法。细节上，你注意一下这匹灰马，它的屁股很圆，是采用了西方明暗光影的手法，把这个“马屁”画成了一个非常立体、完美的球体！还有画上的山水树木，用的是中国绘画中皴擦的传统笔法，说明完成《百骏图》的时候，郎世宁已经把中国的毛笔运用得游刃有余！他用一支笔，就可以驾驭丝绸之路两端完全不同的两种画法，形成他独有的绘画特色！

最后，说一说画风。有人说，猛一看，这是一幅典型的东方山水画。但再仔细看，又有点儿西方油画的味道！没错！《百骏图》妙就妙在这里。它既体现了西方油画的优点，又吸收了东方山水的长处！这也是中西方绘画艺术合二为一，在中国丝绸上的完美呈现。这种你中有我、我中有你、中西合璧的特别风格，是郎世宁首创的！而这种特别风格还让中国画家们纷纷学习借鉴，掀起了中国古代宫廷绘画史上的一次大创新、大跨界、大变革！

百骏图 局部（台北故宫博物院绢本）

然而，就是这样一件丝绸国宝，却不是唯一的。这是怎么回事呢？回答这个问题前，先来说说我和《百骏图》之间的故事。《百骏图》的原画目前保存在中国台北故宫博物院。不过，在美国纽约的大都会博物馆里，还保存着另外一幅。为什么太平洋的一东一西，会存有两幅《百骏图》？难道郎世宁画了很多幅吗？我很好奇，所以专门去大都会博物馆看了看。这里的《百骏图》的大小，几乎和台北故宫博物院的一模一样。但是，也有很多不一样的地方。它是画在纸上的、黑白的，只有简单的线条，而且整个卷轴其实是用十几张纸拼接起来的。那么这幅黑白的、画在纸上的《百骏图》又是怎么来的呢？清朝档案里记载得很清楚。原来是雍正二年，和雍正关系最亲密的怡亲王允祥，交代郎世宁一个任务，让他绘制一幅《百骏图》。前面说了，《百骏图》上面画了一百匹马。一百匹马，在一朝一夕间，是不可能完成的。郎世宁在《百骏图》的创作上，一定花费了大量的心血。有专家推测，在创作《百骏图》的过程中，郎世宁应该是画了不少草稿的，而且是一次次把创作草稿呈给雍正审阅，然后根据雍正的意见再做修改。来来回回，一直等雍正认可了，最后才画在了丝绸上，也就是我们现在看到的这幅彩色的绢本画《百骏图》。所以我认为，美国大都会博物馆里保存的纸本，是郎世宁前期准备的草稿画；而台北故宫博物院里保存的绢本，才是最后的成品《百骏图》。这个例子再次说明了，哪怕到了清代，造纸技术已经相当成熟了，但是宫廷绘画的首选载体，还是透、韧、薄的丝绸。主要的原因，在讲敦煌藏经洞绢画的时候，我提到过。丝绸具有细腻、强韧，面积大，容易拼接，而且千年不坏的优点。

百骏图 局部（纽约大都会博物馆纸本）

本书名叫《丝绸之路话丝绸》，讲的都是丝绸之路上发现的丝绸文物，或者是与丝绸之路关系密切的丝绸文物。为什么要讲这些丝绸呢？我想大家不难发现，这一件件或传奇或精美的古代丝绸，不仅给我们拼凑出了诞生于两千多年前的古丝绸之路；还拉近了这条闻名于世、连接东西方文明的丝路，和我们的距离，让我们可以细细端详这条路上的人与物，慢慢品味这条丝路的美丽与神奇。丝绸国宝《百骏图》，又暗藏着哪些关于丝路的故事和启示呢？这就又要回到这幅画的作者郎世宁的身上了。因为对古老的东方文明充满了向往，年轻的郎世宁沿丝绸之路来到中国。而且一待就待了整整五十一年，历经康熙、雍正、乾隆三朝，见证了当时丝绸之路的起起落落，见证了清朝对外“开放、收紧、再开放、再收紧”的政策，见证了这些充满戏剧色彩的过程。

说起清朝的对外政策，很多人的第一反应就是“闭关锁国”，似乎清朝的大门一直是关着的。其实不然！我认为，所谓的“开放”也好，“闭关”也好，都是相对的。各个时期，丝绸之路的“通”是相对的“通”，而丝绸之路的“断”也是相对的“断”。有专家统计，鸦片战争以前，从公元1644年到公元1840年，这一百九十六年时间里，完全禁海闭关的时间约占15%，而开海，允许海上丝路贸易的时间约占85%。也就是说，这段时间里，开的时间占多数。只不过，开的时候，有时大一点，有时小一点。而丝绸之路，到了这个时期，也不能简单地理解为一条具体的路线，一条“有形的路”；更应该理解为一条“无形的路”，是东西方多层面沟通、交流、融合的概念。郎世宁在中国的五十一年里，不但见证了有形的丝绸之路的兴衰，更见证了一条东西方文明交流融合的“无形的路”。

郎世宁在中国的五十一年里，他与三个皇帝都打过交道，这三个皇帝分别是：康熙、雍正、乾隆。接下来就分别从郎世宁与三个皇帝之间的故事，来窥探清朝丝绸之路的兴衰。

第一阶段，康熙时期。这一时期郎世宁刚刚来到中国，这时清朝政府会以什么样的姿态，对待这个外国人呢？初来乍到，郎世宁和他的油画，能被康熙皇帝接受吗？

康熙是一位非常开放，对西方科学充满了好奇，也喜欢任用西方人才的皇帝。康熙一朝，有很多外国人在朝廷当官。这些人中有些为康熙制定历法，有些铸造西洋火炮，还有的呢，给他编纂地理图书，在中国传播西方科学，等等。根据《清圣祖实录》记载，平定台湾后，康熙二十三年（公元1684年）九月朝廷下令，正式开海，准许老百姓出海贸易。也就是主动打开了海上丝绸之路的大门！我觉得，这一举措和康熙年轻时期，就开始与西方人才互动有着密切的关系。康熙的科学启蒙老师，是来自比利时的南怀仁。他让康熙了解到西方天文学的魅力，后来他成为钦天监，也就是国家天文台的最高领导。还有，来自法国的白晋和张诚。他们给康熙带来了几何、数学、人体解剖学的知识。康熙还用了他们从西方带来的望远镜。这个望远镜还有一个特别的功能——可以测量高度。这个康熙以前根本没见过。还有一次，康熙生病了，中药吃不好，他就吃了法国人洪若翰进献的西药——金鸡纳霜，把病给治好了！所以，康熙对西方科学的兴趣，就更大了。

在《老老外眼中的康熙大帝》一书中，就生动地记录了康熙努力学习西方科学的情景：

天下太平之后，康熙皇帝决定学习欧洲的科学知识。他选择了算术、欧几里得几何基础、实用几何学和哲学，徐日昇神父、安多神父、张诚神父和白晋神父奉旨为他编写这几个方面的教材。他们编成三本，一本是算术，另两本是欧几里得几何原理和几何学，并用满文来做图解。皇帝给他们安排了满文老师，老师和教士们一起进行核对，教材中一有含混不清的用词，他们立即就更换其他词。教士们为皇帝进讲，讲课都很明晓易懂，皇帝的学习兴趣日益浓厚，并对科学的实用性越来越赞赏有加。

教士们每天都进宫讲解，和皇帝一起度过上午两个小时、晚上两个小时。平时，皇帝命他们坐到御座旁，让他们坐在他的身边，以便他们的讲课更为自在。

康熙皇帝学习热情很高，他住到北京两法里外的畅春园时，也不中断课程。教士们只得每天都去那里，风雨无阻。他们早晨4点就从北京城出发，到天黑才回来。而且回来后，他们还要马上工作，一直到深夜，以准备第二天的讲课。来回的奔波和熬夜使他们疲劳不堪，

> 但是要讨得皇帝的欢心，以使皇帝能对他们的圣教产生好感，这样的信念支撑着他们，使他们不顾辛劳。在教士们回去后，皇帝也并不空闲，他会自己复习他们刚给他讲的课，重看那些图解，有时还叫来几个皇子，亲自给他们讲解。如果他对所学的东西没弄明白，他绝不轻易放过，一直钻研到完全弄懂为止。[1]

从这些材料，我们可以发现，康熙皇帝对西学、对洋人抱着一种开放、学习的心态。那么再回到郎世宁，同样作为洋人的他能被康熙接受吗？

郎世宁到中国的这一年是康熙五十四年，也就是公元1715年，郎世宁算是赶上了康熙皇帝开放政策的“末班车”。这个时间点，正是康熙对外政策比较开放、比较宽松的最后两年。初来乍到，郎世宁既不会说中文，也不会用毛笔画中国画。但康熙眼光独到，觉得这个年轻人有发展空间，就把他留了下来。郎世宁也很聪明，很快就拿出了自己的拿手好戏，画了几幅油画进献给了康熙。那么康熙会喜欢郎世宁的油画吗？没有。我们知道东西方绘画存在巨大的差异。从小习惯了欣赏东方艺

1　罗威尔，《知中・洋人》，中信出版社2018年版，第104—105页。

术的康熙并不认可郎世宁的油画。皇帝不喜欢郎世宁的画，那么会继续把他留下吗？康熙还是继续把他留了下来，并且让郎世宁在宫里观赏、临摹了大量中国历代艺术家的作品，让他领悟中国绘画的精髓。东方讲究用线，而西方讲究用色，两者差别很大。画了几十年油画的郎世宁，只能从零开始，拿起毛笔潜心开始学习中国画的技法。不过，这一阶段郎世宁的作品没有被保留下来。

前面我们说郎世宁赶上了康熙朝开放政策的“末班车”。这样说的依据是什么呢？郎世宁是康熙五十四年来的。两年以后，康熙五十六年，朝廷颁布了“南洋禁海令”：

> 凡客商船只仍令照旧在沿海五省及东洋贸易外，其南洋、吕宋、噶啰吧等处一概不许内地商船前去贸易，俱令在南澳海坛等要紧地方严行截住。并令沿海出口之处及浙江之定黄温三镇，并南澳、澎湖、台湾，并广东沿海一带水师各营严行查拿，从重治罪。其外国夹板船有来贸易者，照旧准其贸易，并令地方文武严加防范看守，不许生事。……嗣后一切出海船只初造时，即令报明海关监督并地方官，及造完事地方官必亲验印烙，取船户甘结方许给照，

不许租与匪人。[1]

嗣后洋船初造时，报明海关尽督，地方官亲验印烙，取船户甘结，并将船只丈尺、客商姓名、货物往某处贸易，填给船单，令沿海口岸文武官照单严查，按月册报督、抚存案。每日每人准带食米一升；并余米一升，以防风阻。如有越额之米，查处入官，船户、商人一并治罪。至于小船偷载米粮剥运大船者，严拿治罪。如将船卖与外国者，造船与卖船之人皆立斩；所去之人，留在国外。将知情同去之人，枷号三月。该督行文外国，将留下之人，令其解回立斩。沿海文武官如遇私卖船只、多带米粮、偷越禁地等事隐匿不报，从重治罪。并行文山东、江南、浙江将军、督、抚、提、镇，各严行禁止。[2]

以上可知这个“南洋禁海令”的主要内容就是规定，“江南、鲁、浙”等几省的中国商人，不能前往南洋、吕宋、噶啰吧等地做生意，就是今天的印度尼西亚雅加

1 《明清史料》丁编，第八本，康熙五十六年兵部禁止南洋原案，第 774 页。

2 《台湾文献史料丛刊》第四辑《清圣祖实录选辑》，台湾大通书局 1984 年版，第 165 页。

达和菲律宾北部等地区。所以，这道命令其实只能算部分海禁，只是关上了半扇门！此后，海上丝绸之路就放慢了发展的脚步。

但是如果我们往前看，不难发现，康熙二十三年到五十六年，清朝的大门是主动打开的。当时朝廷的第一个举措，就是开海禁、设海关。根据《清史稿》记载："是时（康熙二十三年）始开江、浙、闽、广海禁，于云山、宁波、漳州、澳门设四海关，关设监督，满、汉各一笔帖式，期年而代。"[1]《海国图志》里面也记载："康熙二十三年，台湾郑氏平，海禁大开，二十四年，从疆吏之请，设江海关、浙海关、闽海关、粤海关。"[2]

可以说，这是全方位开放的一个标志。并且这时的江海关、浙海关、闽海关、粤海关已经和今天一样，有了比较完整的体系。比如粤海关，它统领了整个广东省的海关工作。根据《粤海关志》的记载，粤海关下面有好几个分支机构。而且根据分工，还有专门负责稽查的口岸、登记的口岸、收税的口岸。总之，在康熙年间已经建成了一套庞大而完整的海关管理体系。因为这个政策，东南沿海的码头港口都忙了起来。

第二个举措，让私人贸易合法化。前朝的对外贸

---

1 〔清〕赵尔巽，《清史稿》卷一二五《食货六》，中华书局 1977 年版，第 3675 页。

2 〔清〕魏源，《海国图志》卷七八《筹海总论二》，岳麓书社 1998 年版，第 1916 页。

易，主要是靠官方的朝贡贸易，而康熙让老百姓也可以做对外贸易。一时间，清朝的对外贸易迅速增长，迅速发展。航行在海上丝绸之路上，东西方商船的数量，也逐年增加。根据日本史料记载，中国和日本之间的贸易，也呈现出增长的态势。我说几个时间点。康熙二十四年，有 85 艘中国商船到了日本，二十五年增加到 102 艘，二十六年增加到 115 艘，二十七年增加到了 193 艘。期间，跟船到日本贸易的中国商人有 9128 人次[1]。那么，中国和日本之间的海上丝绸之路，主要的贸易商品是什么呢？告诉你，大部分是生丝，以及绉纱、绫子、云绡、裹绢、花素罗等丝织物。

私人贸易合法化这一举措也让清朝历史上出现了最大的私人商船队。它的主人叫张元隆。因为他还牵出了一件大案。张元隆是上海县人，是当时江浙沿海有名的、做海上贸易的商人。作为一个商人他非常成功，不仅在各处开设洋行，他还创建了一个船队。对于私人来说，这个船队规模已经非常大了，他有几十艘商船，来往于海上丝绸之路的各个国家。要知道，当时每造一船大约需要七八千两银子。大家算一算，几十艘船每艘七八千两银子，张元隆的家底那是多么丰厚。对于一般人来说，

1 大庭修，《日清贸易概观》，《社会科学辑刊》1980 年第 1 期。

生意做这么大，已经很满足了。不过张元隆也不是一个一般的商人，他是一个有梦想的商人，他想要建一个“百家姓”商船队。什么叫“百家姓”商船队？就是给第一艘船取名“赵某某号”，第二艘取名“钱某某号”，以此类推，“赵钱孙李……”，一百个姓，一百艘商船。也许这会勾起你的想象，在封建社会，张元隆能做这么大生意，肯定背后有靠山。的确，张元隆确实有背景、有靠山。他的靠山是谁呢？他的弟弟张令涛，是当时两江总督噶礼的女婿。他的靠山就是噶礼。两江总督，是个大官，管着江苏、江西、安徽三个省，还包括上海县。权力非常大！张元隆就借着噶礼的权势，在他的辖区内偷偷做些暴利却不合法的买卖。可是时间长了，终归是要暴露的。康熙五十四年，有官员状告噶礼。一纸奏折，就递到了康熙的案头。这件案子的最后，张元隆死了，噶礼也撤了官。张元隆一案，从侧面反映出，虽然当时私人海上贸易繁荣，但繁荣的背后也滋生了官商勾结，使得国家安全与稳定受到威胁，也为康熙五十六年朝廷颁布“南洋禁海令”埋下了种子。不过好在十年后，即雍正五年，这个“南洋禁海令”又被废除了，商人又可以赴南洋进行贸易了。海上丝绸之路再度慢慢热闹了起来。

那么，在康熙时期没有得到认可的郎世宁，在雍正时期能被认可吗？康熙不喜欢油画，难道雍正喜欢油画吗？这里就要讲到，郎世宁在中国第二段非常重要的人生经历——雍正时期。

先来看一幅很重要的画！它也是画在丝绸上的，是郎世宁在中国宫廷里被保存下来的第一幅画，名叫《聚瑞图》。为什么要讲这幅图呢？因为这是郎世宁在中国的“成名之作”。之后，郎世宁在中国也开启了人生的辉煌时期。

这幅画，我个人觉得实在是太像西方的静物写生画了。你看，下面这个青瓷长颈花瓶，它的明暗光影处理，非常西式，典型得不能再典型了。如果我们细细品味，会发现这幅“成名之作”还暗藏着很多的玄机！玄机在哪里

聚瑞图

聚瑞图 局部

呢？《聚瑞图》是郎世宁在公元1723年，也就是雍正元年的农历九月，呈献给雍正皇帝的。从公元1715年初来乍到，到公元1723年。我们算一算，郎世宁到中国是不是第九个年头了？这九个年头，聪明的郎世宁没有白待，他已经吃透了中国文化，非常“中国化”了。为什么我这么说呢？你看这花瓶里插着什么？并蒂莲、双穗谷。并蒂莲，是指一根花茎上开着两朵花；双穗谷也是指一根秸秆上结着两串稻谷。古人认为，并蒂莲、双穗谷的出现都是祥瑞之兆，代表着有明君出现。你看看，郎世宁聪不聪明，公元1723年雍正刚刚登基，郎世宁呈给他这样一幅画，其实就是跟雍正说，皇上，你是个明君啊。雍正拿到这幅画能不高兴，能不重用郎世宁吗？！

此后郎世宁就成了雍正皇帝身边的红人，和雍正的互动也频繁了起来。频繁到什么程度呢？比如有人进献了两个哈密瓜，雍正就叫郎世宁，来，画一下。画完了雍正一看，画得还真是好！这样，郎世宁接到雍正的“订单”也越来越多。有人进献了红萝卜，进献了一只小狗，雍正都会叫郎世宁画下来。最有趣的是，雍正在圆明园溜达，看到一朵好看的牡丹花，也会把郎世宁叫来画画。这么一来，郎世宁的工作，也是越来越忙。观察这一时期郎世宁的作品可以发现，他独特的艺术风格已经慢慢形成。西方绘画的技巧和中国绘画的精神，已经在他的笔下深度融合、中西合璧。丝绸之路的东西方文化，在一方方中国丝绸、中国绢帛上交融、绽放、升华！

更有意思的是，通过郎世宁，雍正皇帝还推动了一场宫廷绘画风格的大变革。雍正干了什么事呢？第一，他让郎世宁尝试和中国画家合作，在同一张丝绸上面，一起画画。雍正七年，雍正让郎世宁和中国画家唐岱一起画一幅画。郎世宁只画花卉，唐岱只画石头。这个唐岱也是很厉害的，是山水画的一把好手，康熙称他是“画状元”。郎世宁和唐岱这一合作，正好取长补短。后来，他们把合笔画推向了高潮。第二，雍正还让郎世宁带学生，向中国画家传授欧洲油画的技艺。宫廷里，著名的画师孙威凤、永泰、张为邦、丁观鹏等人，都听过郎世宁的课，学习过西方技法，尝试过中西方艺术的融合。这些应该是中国宫廷绘画历史上第一次重大的变革！

一直以来，我们对雍正皇帝的印象，大都是冷漠苛刻，感觉他执政的十三年，都在整顿时弊、清理吏治，日夜忙于政务，全部的生活都在批折子、批折子、批折子。但通过雍正和郎世宁的故事，以及郎世宁的画作，我们还看到雍正皇帝的另外一面，喜爱西方艺术的一面。有时候，这个严肃的皇帝也会带上西洋假发，让画师给他画个像；批奏折的时候，眼睛看不清楚了，就戴上西洋的眼镜；奏折批累了，就听听西方的音乐，放松放松。

第三阶段，乾隆时期。如果说郎世宁和雍正的关系可以称为好，雍正也很能接受西方事物，那郎世宁和乾隆的关系就更好，乾隆也更喜欢西方事物。因为当乾隆还是皇子的时候，郎世宁就和他很熟悉。有幅绢画说明郎世宁和年轻的乾隆早有交往。这就是下一页所示的这幅绢画《平安春信图》。画的右上角，乾隆题了一首诗："写真世宁擅，缋我少年时。入室皤然者，不知此是谁？"画中右侧的那个年轻人，没胡子的，就是少年乾隆。而画就是郎世宁画的。

那乾隆和郎世宁之间，又有哪些互动呢？

首先，乾隆重用西方画师。乾隆对艺术，那是怀有极大的兴趣。诗歌、绘画、瓷器、书法、丝绸……没有不爱的！他把郎世宁从“宫廷供奉画师”升级到了“御前画师”，郎世宁升职了，地位就不一样了，待遇也不同了。可以随意进出皇宫。这个待遇是很高的，可见，乾隆对他是非常欣赏的。而且啊，乾隆还爱屋及乌，启用了大量的外国人来画画。比如，乾隆三年，法国人王致诚来了；乾隆十年，捷克人艾启蒙也来了；乾隆十六年，意大利人安德义，以及后来的潘廷章、贺清泰等外国人都受到了乾隆皇帝的重用。他们都学习郎世宁特殊的画风，成为融合中西绘画艺术的主力军。而郎世宁就是他们的领军人物。

平安春信图

其次，建设圆明园欧式园林。乾隆九年，在翻阅一本欧洲画册的时候，乾隆看到西方园林和喷泉的图片。喷泉，那个时候中国还没有！他觉得很新奇。于是，就把郎世宁叫到身边说，“郎世宁，我在画册上看到，你们欧洲的喷泉很漂亮，我希望在圆明园也造一个，要造得更大，更雄伟。”对于郎世宁来说，一方面，他年轻的时候，在意大利受过建筑艺术的熏陶。另一方面，皇帝让他做工程，他也不能不做。于是他找来两个法国人帮忙，一个是蒋友仁，另一个叫王致诚。最后啊，还真弄成了！不仅仅造了喷泉，还在圆明园东北角建了一座约 80 亩（约为 53333 平方米）的欧式园林——西洋楼。郎世宁就是其中的总设计师。从中西合璧的绘画风格，到举世闻名的圆明园西洋楼建筑，中西文化在碰撞中重塑，开出了丝绸之路上最美丽的花朵。

最后，乾隆还给外国画师授官衔。宫廷画师一般

圆明园遗址

都没有官衔，乾隆破例，给郎世宁授三品顶戴。郎世宁七十大寿，乾隆还给他办寿宴。过世后，追赠郎世宁"侍郎"的头衔，并赏银三百两，为他料理后事。乾隆还曾经授予王致诚四品官衔，赏蓝色玻璃顶戴，不过这件事被王致诚拒绝了。

但是，在乾隆二十二年，也就是在郎世宁六十九岁那年，就是这个喜欢西方绘画、西方建筑、西方艺术的乾隆皇帝，却颁布了一道限制西方贸易的旨令：

> 乾隆二十二年十一月初十日谕军机大臣等：杨应琚所奏勘定浙海关征收洋船货物酌补赣船关税及梁头等款，并请用内府司员督理关税一摺，已批该部议奏。及观另摺所奏，所见甚是，前摺竟不必交议。从前令浙省加定税则，原非为增添税额起见，不过以洋船意在图利，使其无利可图，则自归粤省收泊，乃不禁之禁耳。今浙省出洋之货，价值既贱于广东，而广东收口之路，稽查又加严密，即使补征关税、梁头，而官办只能得其大概，商人计析分毫，但予以可乘，终不能强其舍浙而就广也。粤省地窄人稠，沿海居民大半藉洋船谋生，不独洋行之二十六家而已。且虎门、黄埔设有官兵，较之宁波之可以扬帆直至者形势亦异，自以仍

令赴粤贸易为正。本年来船虽已照上年则例办理，而明岁赴浙之船，必当严行禁绝。但此等贸易细故，无烦重以纶音。可传谕杨应琚，令以己意晓谕番商。以该督前任广东总督时，兼管关务，深悉尔等情形。凡番船至广，即严饬行户善为料理，并无与尔等不便之处，此该商等所素知，今经调任闽浙，在粤在浙，均所管辖，原无分彼此。但此地向非洋船聚集之所，将来只许在广东收泊交易，不得再赴宁波。如或再来，必令原船返棹至广，不准入浙江海口。豫令粤关，传谕该商等知悉。若可如此办理，该督即以此意为咨文，并将此旨加封寄示李侍尧。令行文该国番商，遍谕番商。嗣后口岸定于广东，不得再赴浙省。此于粤民生计并赣、韶等关均有裨益。而浙省海防亦得肃清。看来番船连年至浙，不但番商洪任等利于避重就轻，而宁波地方必有奸牙串诱，并当留心查察。如市侩设有洋行，及图谋设立天主堂等，皆当严行禁逐，则番商无所依托，为可断其来路耳。如或有难行之处，该督亦即据实具奏。再将前折随奏交部议覆，可一并传谕知之。寻，覆奏：臣已遵旨晓谕番商洪任等回帆。并咨移李侍尧及札行宁波定海各官一体遵照。现在尚无设立洋行及天主堂等情弊。[1]

这道旨意主要意思就是说，以后外国商人、外国商船只能到广州做生意，不能再往北，不能到其他港口去。前面提到过从康熙时期，就设立了四个海关，分别是“粤、闽、江、浙”。不过，乾隆这道旨意，并不是说要关闭北边的“闽、江、浙”三个海关，切断海上丝绸之路。而是，这三个海关还是正常运作的，只是外国人不能来了，中国老百姓依然可以出海做生意的。为什么乾隆皇帝突然开始限制西方商船的贸易地点呢？我们可以从两年后发生的一件事中，探知一二。

乾隆二十四年，有个英国人，名叫洪任辉。他通晓汉语，对中国很熟悉。他从广州跑到天津去告御状。一个英国人，他要告谁呢？告的就是，粤海关（广州海关）。告什么？这件事还得从头说起。

英国人从海上丝绸之路来中国，从路线上来讲，大家都知道，最近、最方便的港口在哪里？一定是广州。但广州的粤海关和负责对外贸易的十三行，当时非常腐败！英国人来到中国做生意，想进口中国的丝绸和茶叶，想在广州做好生意，不贿赂官员，不贿赂十三行的人，

1 乾隆二十一年十二月二十二日，闽浙总督喀尔吉善、两广总督应琚折，《宫中档乾隆朝奏折》第16辑第394页。

那是不可能的事情！所以，日积月累，外国的商人就不来广州，跑到更远的地方去了。去哪里呢？当时，英国东印度公司的职员洪任辉，带领商船去宁波做买卖。宁波既靠近丝绸、茶叶的产地，交的税费又比粤海关低。不仅如此，当地官员还态度好，欢迎外国人来做生意。钱又赚得多，做生意也开心，英国人当然喜欢宁波！从此，英国商人就绕开广州，直接到宁波去了。英国人不来了，粤海关和十三行，收入就少了。广州的官员一看，这不行，到手的肥肉不能就这样跑了。于是，他们给乾隆上书，希望把浙江口岸封上。

乾隆接到奏折后，想了想，粤海关说的也对，多口岸做生意，的确不好管理。一旦，外国人跟反清势力勾结，也不利于社会稳定。怎么办呢？乾隆并没有简单地把海上丝绸之路的大门关上，而是用了另一个办法——提高浙海关的关税。到浙江来做生意，可以，但关税比广州高。希望通过经济手段，阻止外国人北上。然而英国人一看，朝廷还是要他们回广州做生意，他们肯定不愿意！于是在乾隆二十四年，在东印度公司的授意下，洪任辉干了一件惊天动地的事情，就是前面我们讲的——告御状。这年五月，洪任辉从广州出发，表面上说“拜拜，我要回国啦！”实际一路北上，直接就到了天津。在那里，洪任辉通过贿赂朝廷官员，将一份投诉信送到了乾隆手中。这封信里，他状告粤海关官员贪污、刁难洋商，十三行也欺压洋商。洪任辉的投诉信，确实暴露了当时海关管理的问题。反映的每个问题，也是有理有据。所以一开始乾隆也很重视，还专门派钦差大臣去查。但乾隆回头一想，一个英国人能轻轻松松跑到天津，还有本事把投诉信送到我皇帝手里，这背后，一定有蹊跷，肯定是有人暗中策划！乾隆越想越不对，越想越害怕。于是乎，就马上出台新的对外政策：内地物产富饶，岂需远洋些微不急之货。特以尔等资源懋迁，柔远之仁，原所不禁。今尔不能安分奉法，向后即准他商贸易，尔亦不许前来。[1] 就是说，行了，你们以后别来了。我们大清朝富饶着呢，不缺你们那些小东西。同年（乾隆二十四年），还颁布了《防夷五事》：

> 部覆两广总督李侍尧议：
>
> 一、据称夷商在省住冬，应请永行禁止也。外洋夷船向系五六月收泊，九十月归国。即间有因事住冬，亦在澳门居住。乃近来多有藉称货物未销，潜留省会，难免勾结生事。请嗣后夷船到粤销货后，令其依限回国。即有行欠未清，亦应在澳门居住，将货物交行代售，下年

1 《清高宗实录》影印本，卷五九八，中华书局 1985 年版，第 676 页。

顺搭回国。查粤东贸易，夷船其自进口以至归掉，原有定期本不许潜留内地。近因行商等或有挂欠未清，以致该夷商等藉词迁延，留寓省会，希图探听各省货价，置买获利，而内地民人亦遂有诱令诓骗者。今该督请于销货归本后，依期随同原船回国，则该夷商等不得藉词逗留，而内地商民亦不得往来交接，夤缘为奸，自属立法制防之道，应如所请办理。但夷商等既依期归掉，一切销货归价，自应责成殷商公平速售，按期清楚，不得任意拖欠。即有零星货物未经销完，伊等交易年久，自不无递年通融搭销带还之处。但能信实相安，彼此不致苦累，原可无庸绳以官法。若令该夷按年归国，将货物交行商代售，其中不肖行商知其势难久待，或有意措留压滞，有所不免。嗣后遇有此等情弊，一经告发，地方官应将奸商按律处治，毋庸稍有宽贷。其夷商有因行货未清情愿暂留澳门居住者，听其自便，毋庸概勒归国以免扰累。

一、据称夷人到粤，宜令寓居行商管束稽查也。历来夷商到广，俱系寓歇行商馆内。乃近来嗜利之徒多将房屋改造华丽，招留夷商，图得厚租，任听汉奸出入，教唆引诱。纵令出外闲行，以致私行交易，走漏税饷，无弊不作。

请嗣后凡非开洋行之家，概不许寓歇。其买卖货物，必令行商经手方许交易。如有纵夷人出入，以致作奸犯法者，分别究拟。地方官不实力稽查饬禁，一并参处。查夷商到粤，寓歇行商馆内稽查管束，原不许任意出入。若非官充行商招引投寓，不独勾引出入无从觉察，而交易货物多寡不经行商通事之手，更滋弊窦。应如该督所请．嗣后令夷商歇寓，责成现充行商馆内送寓居住，加谨管束。房屋或有不敷，并令行商自行租赁，拨人照看，毋许出入汉奸私相交易。但行商等不得以操纵在己，遂有把持，短价勒措，并令地方官留心访察，严加查禁。则奸黉既可永杜，而远夷亦不致苦累矣：

一、据称借领外夷资本，及雇倩汉人役使并应查禁也：查近年夷商多将所余资本雇倩内地经营之人，立约承领出省贩运，则本地行店亦向伊借领本银生息，互相勾结。请嗣后内地民人倘敢故违，将借领之人从重究拟。查向来夷商到粤贸易，只许将带来货物售卖，置买别货回国。其应禁止出洋之货，概不得私行贩运：近来内地行店民人．多有借夷商资本贸贩，冀沾余润，致有刘亚遍等之徒借领谋利，教唆滋事，于地方甚有关系。应如该督所请，令借领资本之行商人等据实首明，勒限清还，免其究拟：嗣后倘有违禁借贷勾结者，照交结外国借贷诓骗财物例问拟，所借之银，查追人官。至夷商所带番厮人等，足供役使，原不得雇内地民人。此后设立买办通事，外如有无赖民人贪财受雇．听其指使服役者，应交地方官饬谕通事行商实力严查禁止，倘有徇纵，一并惩治。

一、据称外夷雇人传递信息之积弊宜请永除也。夷商购买货物，分遣多人前往浙江等省，不时雇觅千里马往来探听货价低昂：即如汪圣仪之案，（臣）等所发牌单公文尚未递到，该犯先已得信逃避。又如钦天监刘松龄等两次奏请方守义等愿赴京效力，俱以澳门来信为词。皆由内地民人代为传赍信息，请永行停止：查外来夷商投行交易，自不得任其藉词探听，雇倩脚夫传递消息，以致内地奸商往来交结，此等积习亟宜革除。应如该督所请，严谕行商脚夫人等，嗣后一切事务俱呈地方官，听其酌量查办。如有不遵禁约仍前雇倩往来，即将代为雇觅及递送之人一并严拏究治：至西洋人寄住澳门，遇有公务转送．钦天监应饬令夷目呈明海防同知，转详督臣分别咨奏之处，亦应如该督所请办理

一、据称夷船进泊处，应请酌拨营员弹压稽查也。夷船进口之后，向系收泊黄埔地方，每船夷梢，多至百余名或二百名不等，均应防范。向例酌拨广州协标外委，带兵搭寮防守。但外委职分卑微,不足以资弹压。请嗣后于(臣)标候补守备内酌拨一员，督同稽查。其米薪日用，请于粤海关平余项下每月酌给银八两，并令附近之新塘营酌拨桨船一只与该处。原设左翼镇中军桨船会同稽查,俟洋船出口即行撤回。查夷船收泊所带夷梢为数众多，种类各别，性多暴悍，易于滋事行凶。而内地奸民蛋户复为勾引，均所不免。自应严行防范，不致滋生事端。今该督既称向派广州协外委一员带兵十二名不足以资弹压，应准其于督标内拣派候补守备一员，专驻该处督同守寮，弁兵实力防范稽查。其候补人员，例无廉俸，所有每月酌给银八两之处，亦应如该督所请，准其于海关平余项下酌量拨给，并酌拨桨船会同巡逻弹压。至所拨弁兵，俟夷船进口派往出口撤回。如有巡防疎懈或致生事，该管上司即严行参处。[1]

1 梁廷枏，《粤海关志》卷二十八《夷商三》，文海出版社,1975年版，第2012—2023页。

总结一下，这一份《防夷五条》简单来说就是五不准：第一，外国商人不许在广州过冬，不许外出游玩。第二，外国商人到广州，必须住在指定会馆里，不许任意出入，当地跟他们做生意的洋行要负责稽查和管理。第三，不许中国商人向外国商人借款，或受雇于外国商人。第四，不许代外国商人打听商业行情。第五，外国商船停留的地方要派兵"弹压稽查"。这几项规定表明，朝廷对外商的态度是高度警惕和严加防范的，也就是一下子把开放的政策收紧了。

乾隆的政策颁布以后结果如何？中国海上丝绸之路的贸易因此停顿萎缩了吗？没有。至少从丝绸海外贸易的数据，我看到的结果是恰恰相反的。以东印度公司为例，康熙三十七年到六十一年，运输到欧美的生丝为1833担，乾隆五年到四十四年为19200担，增加了十倍。乾隆四十五年到五十五年为27128担。[1]这些数据说明，虽然乾隆下旨收紧了对外贸易，世界对中国丝绸的需求，那是刚需，还是增加的。这从侧面说明，无论中国对外贸易的政策如何苛刻，也无法切断外商与中国的贸易往来，无法切断全球化的趋势。西欧诸国无法切断对生丝和茶叶的需求。另外，正在进行资本积累的资产阶级，

1　王翔，《晚晴丝绸史》上，上海人民出版社2017年，第128页。

也亟待打开封闭的中国市场，将工业革命生产的产品销往中国。

为了通商，欧洲诸国都曾多次派出使团出使中国，试图说服皇帝改变闭关的国策。这其中尤以英国人最为卖力，也最为典型。

公元1793年，英国专门派出特使马戛尔尼到中国，试图说服皇帝打开国门。由于闭关政策，朝野对洋人一直并不友好，但是马戛尔尼这次来华，却一反常态，受到了皇帝和朝臣的欢迎，为什么呢？因为经常跟中国做生意的东印度公司董事长非常了解清朝人的脾气，提前做了功课。马戛尔尼出使前，他写了一封信给两广总督郭世勋，这封信里原文是这样的："最仁慈的英王陛下听说贵国皇帝要庆祝寿辰，为了对贵国皇帝树立友谊，为了改进北京和伦敦两个王朝的友好往来，为了增进贵我双方臣民之间的商业关系，英王陛下特派自己的表亲和参议官、贤明干练的马戛尔尼勋爵作为特使，代表英王谒见中国皇帝，希望通过他来奠定两者之间的永久和好。"这封信的措辞明显是按照双方平等的关系来叙述的。

郭世勋拿到信之后，不敢把原件直接给乾隆。便将信翻译成中文，进行二次解读，把平等的口气变成下对上、外夷对天朝的口气。

“吉利总头目官、管理贸易事百灵谨禀请天朝大人钧安。敬禀者，我国王兼管三处地方，向有夷商来粤贸易，素沐皇仁。今闻天朝大皇帝八旬万寿，未能遣使赴京叩祝，我国王心中惶恐不安。今我国王命亲信大臣，公选妥干贡使马戛尔尼前来，带有贵重礼物进呈天朝大皇帝，以表其慕顺治信，惟愿大皇帝恩施远夷，准其永远通好，俾中国百姓与外国远夷同沾乐利，物产丰盈，我国王感激不尽。”[1]

读了郭世勋二度解读的信，乾隆是高兴接见马戛尔尼的，因为马戛尔尼是来祝寿的，而且还带了很多礼物，给足了面子。

可是英国人千里迢迢来中国真的是来祝寿，做这种没有任何利益的事情吗？当然不会，马戛尔尼的真实目的，仍是打算希望打开中国市场，做生意。

马戛尔尼到华之后，几经辗转来到北京，在乾隆的安排下住在了圆明园，几天后，带着九十余人前往承德避暑山庄。乾隆接见使团当天，双方的矛盾就出现了。英国把这次外交作为两个对等的国家来对待，乾隆却要

1　故宫博物院，《掌故丛编》第1辑，中华书局1990年版，第611页。

以“上国”君主自居。双方在礼仪方面就起了争执。清朝要求见皇帝要三跪九叩，但是英国没有这个礼节，就为这个细节，双方就反复交涉。最后，据英国人说，马戛尔尼是用见英国国王的礼仪参见乾隆，行单膝下跪礼，没有叩头。中国记载却说，英国使臣等向皇帝行三跪九叩之礼。双方记载不同，真相也不得而知。但可以知道的是，礼仪之争，已经映射出中英之间的差距。

庆典上，马戛尔尼进献了千挑万选出来的礼物，并趁机向乾隆提出请求：允许英国在北京开设使馆，设立货栈；允许英国在宁波、天津、舟山等处贸易。且能够获得舟山附近一处未经设防的小岛的居住使用权；英商在广州也能获得这些权利。此外，英王还对大清税则提出建议，希望中国能公开和明确海关税则，对英商从澳门运到广州的货物免税或减税。

英国人原来不是来贺寿的，而是要来谈平等贸易的，不仅要减税免税，还在中国土地上要求居住权。这种要求，乾隆如何能同意？！乾隆以英王的要求不合天朝体制为由，拒绝了所有要求。随后派人催马戛尔尼一行赶紧离开，1794 年 1 月，马戛尔尼一行从广州回国。

马戛尔尼的本次访华，没有达到打开中国门户、扩张贸易的目的，中英双方也是不欢而散，但是总算有了正式的外交接触。通过这次访华之行，马戛尔尼也是有收获的，他对清朝有了新的认识，他认为，清朝实质上是极其虚弱的，要击败它并不困难。从此，欧洲人心目中，繁荣富庶的中国形象开始坍塌。

在马戛尔尼离开中国五年后，也就是公元1799年，中国古代史上实际掌权最久、最长寿的皇帝——乾隆去世了。也就是在这一年，法国里昂的一个丝绸工人，造了一台机器，彻底颠覆了几千年来的整个丝绸产业。这个人名叫贾卡。他的机器只要一个人操作，就能织出大型的提花织物。为了纪念这个伟大的发明，后人将这种织机，命名为“贾卡织机”。贾卡织机的出现，让西方丝绸工业“秒杀”了我们，“秒杀”了曾经领先世界几千年的中国丝绸。虽然这一时期，中国匠人依然能用手工的方法，织出最精美的龙袍，但在效率上，我们落后于西方的工业。

时光流转，历史前进的脚步从未停止。虽然两百多年前，西方超越了我们，但作为一个丝绸人，我敢自豪地说，今天最前沿的丝绸技术，又重新掌握在了我们中国丝绸人手中。中国丝绸，已经再次领跑世界！

绵延数万里，纵贯几千年，生生不息的丝绸之路，谱写了一曲曲商贸互市、文化交流、民族融合的华丽篇章！古往今来，人们认可丝绸、渴望丝绸、珍爱丝绸。丝绸，不仅满足了人们的物质需求，更因为至美、至贵、至柔的永恒品质，还满足了人们对时尚、创新的精神需求。它跨越了民族，跨越了国界，跨越了文化，受到全世界的认同。

从素纱单衣，到“五星出东方利中国”织锦护膊，从“四天王狩狮纹锦”，到郎世宁的《百骏图》，我们不难发现：丝绸，柔中带刚，至柔至刚，是经济文化交流的纽带，是消除化解冲突的良器。它连接着世界，包容着世界，更改变着世界。

从两汉，到魏晋，从隋唐，到明清，丝绸打造了“和平合作、开放包容、互学互鉴、互利共赢”的丝路精神。它是品质的享受、精神的欢歌。我们不难发现：丝绸之路“通不通”，取决于国家是否自信与自强。国家强时，丝路通；丝路通时，则国更强。丝绸之路“畅不畅”，取决于沿线节点城市的治理是否有方，这项事业需要更多想干事、会干事、干成事的“仓慈”，为这项伟大事业做出巨大的贡献。

今天，丝绸之路不再是一条上无飞鸟、下无走兽的艰难之路，而是一条以高铁、飞机、网络，跨越海洋，跨越大陆，新时代的“新丝绸之路”！

小小的蚕，吐出丝，结成茧，织成绸，贯通了上下五千年的中华文明，网罗了东西数百个国家和地区。我相信，不久的将来，承载中华智慧的丝绸精神，将织造出人类命运共同体的全新蓝图！

附录

附　录　一

《汉书·赵充国传》（节选）

赵充国字翁孙，陇西上邽人也，后徙金城令居。始为骑士，以六郡良家子善骑射补羽林。为人沈勇有大略，少好将帅之节，而学兵法，通知四夷事。

武帝时，以假司马从贰师将军击匈奴，大为虏所围。汉军乏食数日，死伤者多，充国乃与壮士百余人溃围陷陈，贰师引兵随之，遂得解。身被二十余创，贰师奏状，诏征充国诣行在所。武帝亲见视其创，嗟叹之，拜为中郎，迁车骑将军长史。

昭帝时，武都氐人反，充国以大将军护

军都尉将兵击定之，迁中郎将，将屯上谷，还为水衡都尉。击匈奴，获西祁王，擢为后将军，兼水衡如故。

与大将军霍光定册尊立宣帝，封营平侯。本始中，为蒲类将军征匈奴，斩虏数百级，还为后将军、少府。匈奴大发十余万骑，南旁塞，至符奚庐山。欲入为寇。亡者题除渠堂降汉言之，遣充国将四万骑屯缘边九郡。单于闻之，引去。

是时，光禄大夫义渠安国使行诸羌，先零豪言愿时渡湟水北，逐民所不田处畜牧。安国以闻。充国劾安国奉使不敬。是后，羌人旁缘前言，抵冒渡湟水，郡县不能禁。元康三年，先零遂与诸羌种豪二百余人解仇交质盟诅。上闻之，以问充国，对曰："羌人所以易制者，以其种自有豪，数相攻击，势不壹也。往三十余岁，西羌反时，亦先解仇合约攻令居，与汉相距，五六年乃定。至征和五年，先零豪封煎等通使匈奴，匈奴使人至小月氏，传告诸羌曰：'汉贰师将军众十余万人降匈奴。羌人为汉事苦。张掖、酒泉本我地，地肥美，可共击居之。'以此观匈奴欲与羌合，非一世也。间者匈奴困于西方，闻乌桓来保塞，恐兵复从东方起，数使使尉黎、危须诸国，设以子女貂裘，欲沮解之。其计不合。疑匈奴更遣使至羌中，道从沙阴地，出盐泽，过长阬，入穷水塞，南抵属国，与先零相直。臣恐羌变未止此，且复结联他种，宜及未然为之备。”后月余，羌侯狼何果遣使至匈奴藉兵，欲击鄯善、敦煌以绝汉道。充国以为“狼何小月氏种在阳关西南，势不能独造此计，疑匈奴使已至羌中，先零、罕、开乃解仇作约。到秋马肥，变必起矣。宜遣使者行边兵豫为备，敕视诸羌，毋令解仇，以发觉其谋”。于是两府复白遣义渠安国行视诸羌，分别善恶。安国至，召先零诸豪三十余人，以尤桀黠，皆斩之。纵兵击其种人，斩首千余级。于是诸降羌及归义羌侯杨玉等恐怒，亡所信乡，遂劫略小种，背畔犯塞，攻城邑，杀长吏。安国以骑都尉将骑三千屯备羌，至浩亹，为虏所击，失亡车重兵器甚众。安国引还，至令居，以闻。是岁，神爵元年春也。

时充国年七十余，上老之，使御史大夫丙吉问谁可将者，充国对曰：“亡逾于老臣者矣。”上遣问焉，曰：“将军度羌虏何如，当用几人？”充国曰：“百闻不如一见。兵难隃度，臣愿驰至金城，图上方略。然羌戎小夷，逆天背畔，灭亡不久，愿陛下以属老臣，勿以为忧。”上笑曰：“诺。”

充国至金城，须兵满万骑，欲渡河，恐为虏所遮，即夜遣三校衔枚先渡，渡辄营陈，会明，毕，遂以次尽渡。虏数十百骑来，出入军傍。充国曰：“吾士马新倦，不可驰逐。此皆骁骑难制，又恐其为诱兵也。击虏以殄灭为期，小利不足贪。”令军勿击。遣骑候四望狭中，亡虏。夜引兵上至落都，召诸校司马，谓曰：“吾知羌虏不能为兵矣。使虏发数千人守杜四望狭中，兵岂得入哉！”充国常以远斥候为务，行必为战备，止必坚营壁，尤能持重，爱士卒，先计而后战。遂西至西部都尉府，日飨军士，士皆欲为用。虏数挑战，充国坚守。捕得生口，言羌豪相数责曰：“语汝亡反，今天子遣赵将军来，年八九十矣，善为兵。今请欲一斗而死，可得邪！”

充国子右曹中郎将卬，将期门佽飞、羽林孤儿、胡越骑为支兵，至令居。虏并出绝转道，卬以闻。有诏将八校尉与骁骑都尉、金城太守合疏捕山间虏，通转道津渡。

初，罕、开豪靡当儿使弟雕库来告都尉曰先零欲反，后数日果反。雕库种人颇在先零中，都尉即留雕库为质。充国以为亡罪，乃遣归告种豪：“大兵诛有罪者，明白自别，毋取并灭。天子告诸羌人，犯法者能相捕斩，除罪。斩大豪有罪者一人，赐钱四十万，中豪十五万，下豪二万，大男三千，女子及老小千钱，又以其所捕妻子财物尽与之。”充国计欲以威信招降罕开及劫略者，解散虏谋，徼极乃击之。

时上已发三辅、太常徒弛刑，三河、颍川、沛郡、淮阳、汝南材官，金城、陇西、天水、安定、北地、上郡骑士、羌骑，与武威、张掖、酒泉太守各屯其郡者，合六万人矣。酒泉太守辛武贤奏言：“郡兵皆屯备南出，北边空虚，势不可久。或曰至秋冬乃进兵，此虏在竟外之册。今虏朝夕为寇，土地寒苦，汉马不能冬，屯兵在武威、张掖、酒泉万骑以上，皆多羸瘦。可益马食，以七月上旬赍三十日粮，分兵并出张掖、酒泉合击罕、开在鲜水上者。虏以畜产为命，今皆离散，兵即分出，虽不能尽诛，亶夺其畜产，虏其妻子，复引兵还，冬复击之，大兵仍出，虏必震坏。”

天子下其书充国，令与校尉以下吏士知羌事者博议。充国及长史董通年以为：“武贤欲轻引万骑，分为两道出张掖，回远千里。以一马自佗负三十日食，为米二斛四斗，麦八斛，又有衣装兵器，难以追逐。勤劳而至，虏必商军进退，稍引去，逐水草，入山林。随而深入，虏即据前险，守后阨，以绝粮道，必有伤危之忧，为夷狄笑，千载不可复。而武贤以为可夺其畜产，虏其妻子，此殆空言，非至计也。又武威县、张掖日勒皆当北塞，有通谷水草。臣恐匈奴与羌有谋，且欲大入，幸能要杜张掖、酒泉以绝西域，其郡兵尤不可发。先零首为畔逆，它种劫略。故臣愚册，欲捐罕、开暗昧之过，隐而勿章，先行先零之诛以震动之，宜悔过反善，因赦其罪，选择良吏知其俗者揗循和辑，此全师保胜安边之册。”天子下其书。公卿议者咸以为先零兵盛，而负罕、开之助，不先破罕、开，则先零未可图也。

上乃拜侍中乐成侯许延寿为强弩将军，即拜酒泉太守武贤为破羌将军，赐玺书嘉纳其册。以书敕让充国曰：

皇帝问后将军，甚苦暴露。将军计欲至正月乃击罕羌，羌人当获麦，已远其妻子，精兵万人欲为酒泉、敦煌寇。边兵少，民守保不得田作。今张掖以东粟石百余，刍槁束数十。转输并起，百姓烦扰。将军将万余之众，不早及秋共水草之利争其畜食，欲至冬，虏皆当畜食，多藏匿山中依险阻，将军士寒，手足皲瘃，宁有利哉？将军不念中国之费，欲以岁数而胜微，将军谁不乐此者！

今诏破羌将军武贤将兵六千一百人，敦煌太守快将二千人，长水校尉富昌、酒泉候奉世将婼、月氏兵四千人，亡虑万二千人。赍三十日食，以七月二十二日击罕羌，入鲜水北句廉上，去酒泉八百里，去将军可千二百里。将军其引兵便道西并进，虽不相及，使虏闻东方北方兵并来，分散其心意，离其党与，虽不能殄灭，当有瓦解者。已诏中郎将卬将胡越佽飞射士步兵二校，益将军兵。

今五星出东方，中国大利，蛮夷大败。太白出高，用兵深入敢战者吉，弗敢战者凶。将军急装，因天时，诛不义，万下必全，勿复有疑。

充国既得让，以为将任兵在外，便宜有守，以安国家。乃上书谢罪，因陈兵利害，曰：

臣窃见骑都尉安国前幸赐书，择羌人可使使罕，谕告以大军当至，汉不诛罕，以解其谋。恩泽甚厚，非臣下所能及。臣独私美陛下盛德至计亡已，故遣开豪雕库宣天子至德，罕、开之属皆闻知明诏。今先零羌杨玉将骑四千及煎巩骑五千，阻石山木，候便为寇，罕羌未有所犯。今置先零，先击罕，释有罪，诛亡辜，起一难，就两害，诚非陛下本计也。

臣闻兵法“攻不足者守有余”，又曰“善战者致人，不致于人”。今罕羌欲为敦煌、酒泉寇，饬兵马，练战士，以须其至，坐得致敌之术，以逸击劳，取胜之道也。今恐二郡兵少不足以守，而发之行攻，释致虏之术而从为虏所致之道，臣愚以为不便。先零羌虏欲为背畔，故与罕、开解仇结约，然其私心不能亡恐汉兵至而罕、开背之也。臣愚以为其计常欲先赴罕、开之急，以坚其约，先击罕羌、先零必助之。今虏马肥，粮食方饶，击之恐不能伤害，适使先零施德于罕羌，坚其约，合其党。虏交坚党合，精兵二万余人，迫胁诸小种，附著者稍众，莫须之属不轻得离也。如是，虏兵寖多，诛之用力数倍，臣恐国家忧累繇十年数，不二三岁而已。

臣得蒙天子厚恩，父子俱为显列。臣位至上卿，爵为列侯，犬马之齿七十六，为明诏填沟壑，死骨不朽，亡所顾念。独思惟兵利害至熟悉也，于臣之计，先诛先零已，则罕、开之属不烦兵而服矣。先零已诛而罕、开不服，涉正月击之，得计之理，又其时也。以今进兵，诚不见其利，唯陛下裁察。

六月戊申奏，七月甲寅玺书报从充国计焉。

充国引兵至先零在所。虏久屯聚，解弛，望见大军，弃车重，欲渡湟水，道阨狭，充国徐行驱之。或曰逐利行迟，充国曰："此穷寇不可迫也。缓之则走不顾，急之则还致死。"诸校皆曰："善。"虏赴水溺死者数百，降及斩首五百余人，卤马牛羊十万余头，车四千余两。兵至罕地，令军毋燔聚落刍牧田中。罕羌闻之，喜曰："汉果不击我矣！"豪靡忘使人来言："愿得还复故地。"充国以闻，未报。靡忘来自归，充国赐饮食，遣还谕种人。护军以下皆争之，曰："此反虏，不可擅遣。"充国曰："诸君但欲便文自营，非为公家忠计也。"语未卒，玺书报，令靡忘以赎论。后罕竟不烦兵而下。

其秋，充国病，上赐书曰；"制诏后将军：闻苦脚胫、寒泄，将军年老加疾，一朝之变不可讳，朕甚忧之。今诏破羌将军诣屯所，为将军副，急因天时大利，吏士锐气，以十二月击先零羌。即疾剧，留屯毋行，独遣破羌、强弩将军。"时羌降者万余人矣。充国度其必坏，欲罢骑兵屯田，以待其敝。作奏未上，会得进兵玺书，中郎将卬惧，使客谏充国曰："诚令兵出，破军杀将以倾国家，将军守之可也。即利与病，又何足争？一旦不合上意，遣绣衣来责将军，将军之身不能自保，何国家之安？"充国叹曰："是何言之不忠也！本用吾言，羌虏得至是邪？往者举可先行羌者，吾举辛武贤，丞相御史复白遣义渠安国，竟沮败羌。金城、湟中谷斛八钱，吾谓耿中丞，籴二百万斛谷，羌人不敢动矣。耿中丞请籴百万斛，乃得四十万斛耳。义渠再使，且费其半。失此二册，羌人故敢为逆。失之毫厘，差以千里，是既然矣。今兵久不决，四夷卒有动摇，相因而起，虽有知者不能善其后，羌独足忧邪！吾固以死守之，明主可为忠言。"遂上屯田奏曰：

臣闻兵者，所以明德除害也，故举得于外，则福生于内，不可不慎。臣所将吏士马牛食，月用粮谷十九万九千六百三十斛，盐千六百九十三斛，茭藁二十五万二百八十六石。难久不解，繇役不息。又恐它夷卒有不虞之变，相因并起，为明主忧，诚非素定庙胜之册。且羌虏易以计破，难用兵碎也，故臣愚以为击之不便。

计度临羌东至浩亹，羌虏故田及公田，民所未垦，可二千顷以上，其间邮亭多坏败者。臣前部士入山，伐材木大小六万余枚，皆在水次。愿罢骑兵，留驰刑应募，及淮阳、汝南步兵与吏士私从者，合凡万二百八十一人，用谷月二万七千三百六十三斛，盐三百八斛，分屯要害处。冰解漕下，缮乡亭，浚沟渠，治湟狭以西道桥七十所，令可至鲜水左右。田事出，赋人二十亩。至四月草生，发郡骑及属国胡骑伉健各千，倅马什二，就草，为田者游兵。以充入金城郡，益积畜，省大费。今大司农所转谷至者，足支万人一岁食。谨上田处及器用簿，唯陛下裁许。

上报曰："皇帝问后将军，言欲罢骑兵万人留田，即如将军之计，虏当何时伏诛，兵当何时得决？孰计其便，复奏。"充国上状曰：

臣闻帝王之兵，以全取胜，是以贵谋而贱战。战而百胜，非善之善者也，故先为不可胜以待敌之可胜。蛮夷习俗虽殊于礼义之国，然其欲避害就利，爱亲戚，畏死亡，一也。今虏亡其美地荐草，愁于寄托远遁，骨肉离心，人有畔志，而明主般师罢兵，万人留田，顺天时，因地利，以待可胜之虏，虽未即伏辜，兵决可期月而望。羌虏瓦解，前后降者万七百余人，及受言去者凡七十辈，此坐支解羌虏之具也。

臣谨条不出兵留田便宜十二事。步兵九校，吏士万人，留屯以为武备，因田致谷，威德并行，一也。又因排折羌虏，令不得归肥饶之地，贫破其众，以成羌虏相畔之渐，二也。居民得并田作，不失农业，三也。军马一月之食，度支田士一岁，罢骑兵以省大费，四也。至春省甲士卒，循河湟漕谷至临羌，以示羌虏，扬威武，传世折冲之具，五也，以闲暇时下所伐材，缮治邮亭，充入金城，六也。兵出，乘危徼幸，不出，令反畔之虏窜于风寒之地，离霜露疾疫瘃堕之患，坐得必胜之道，七也。亡经阻远追死伤之害，八也。内不损威武之重，外不令虏得乘间之势，九也。又亡惊动河南大开、小开使生它变之忧，十也。治湟狭中道桥，令可至鲜水，以制西域，信威千里，从枕席上过师，十一也。大费既省，繇役豫息，以戒不虞，十二也。留屯田得十二便，出兵失十二利。臣充国材下，犬马齿衰，不识长册，唯明诏博详公卿议臣采择。

上复赐报曰："皇帝问后将军，言十二便，闻之。虏虽未伏诛，兵决可期月而望，期月而望者，谓今冬邪，谓何时也？将军独不计虏闻兵颇罢，且丁壮相聚，攻扰田者及道上屯兵，复杀略人民，将何以止之？又大开、小开前言曰：‘我告汉军先零所在，兵不往击，久留，得亡效五年时不分别人而并击我？’其意常恐。今兵不出，得亡变生，与先零为一？将军孰计复奏。”充国奏曰：

臣闻兵以计为本，故多算胜少算。先零羌精兵今余下过七八千人，失地远客，分散饥冻。罕、开、莫须又颇暴略其羸弱畜产，畔还者不绝，皆闻天子明令相捕斩之赏。臣愚以为虏破坏可日月冀，远在来春，故曰兵决可期月而望。窃见北边自敦煌至辽东万一千五百余里，乘塞列隧有吏卒数千人，虏数大众攻之而不能害。今留步士万人屯田，地势平易，多高山远望之便，部曲相保，为堑垒木樵，校联不绝，便兵弩，饬斗具。烽火幸通，势及并力，以逸待劳，兵之利者也。臣愚以为屯田内有亡费之利，外有守御之备。骑兵虽罢，虏见万人留田为必禽之具，其土崩归德，宜不久矣。从今尽三月，虏马羸瘦，必不敢捐其妻子于他种中，远涉河山而来为寇。又见屯田之士精兵万人，终不敢复将其累重还归故地。是臣之愚计，所以度虏且必瓦解其处，不战而自破之册也。至于虏小寇盗，时杀人民，其原未可卒禁。臣闻战不必胜，不苟接刃；攻不必取，不苟劳众。诚令兵出，虽不能灭先零，亶能令虏绝不为小寇，则出兵可也。即今同是而释坐胜之道，从乘危之势，往终不见利，空内自罢敝，贬重而自损，非所以视蛮夷也。又大兵一出，还不可复留，湟中亦未可空，如是，徭役复发也。且匈奴不可不备，乌桓不可不忧。今久转运烦费，倾我不虞之用以澹一隅，臣愚以为不便。校尉临众幸得承威德，奉厚币，拊循众羌，谕以明诏，宜皆乡风。虽其前辞尝曰“得亡效五年”，宜亡它心，不足以故出兵。臣窃自惟念。奉诏出塞，引军远击，穷天子之精兵，散车甲于山野，虽亡尺寸之功，媮得避慊之便，而亡后咎余责，此人臣不忠之利，非明主社稷之福也。臣幸得奋精兵，讨不义，久留天诛，罪当万死。陛下宽仁，未忍加诛，令臣数得熟计。愚臣伏计孰甚，不敢避斧钺之诛，昧死陈愚，唯陛下省察。

充国奏每上，辄下公卿议臣。初是充国计者什三，中什五，最后什八。有诏诘前言不便者，皆顿首服。丞相魏相曰：“臣愚不习兵事利害，后将军数画军册，其言常是，臣任其计可必用也。”上于是报充国曰：“皇帝问后将军，上书言羌虏可胜之道，今听将军，将军计善。其上留屯田及当罢者人马数。将军强食，慎兵事，自爱！”上以破羌、强弩将军数言当击，又用充国屯田处离散，恐虏犯之，于是两从其计，诏两将军与中郎将卬出击。强弩出，降四千余人，破羌斩首二千级，中郎将卬斩首降者亦二千余级，而充国所降复得五千余人。诏罢兵，独充国留屯田。

明年五月，充国奏言：“羌本可五万人军，凡斩首七千六百级，降者三万一千二百人，溺河湟饥饿死者五六千人，定计遗脱与煎巩、黄羝俱亡者不过四千人。羌靡忘等自诡必得，请罢屯兵。”奏可。充国振旅而还。

所善浩星赐迎说充国，曰：“众人皆以破羌、强弩出击，多斩首获降，虏以破坏。然有识者以为虏势穷困，兵虽不出，必自服矣。将军即见，宜归功于二将军出击，非愚臣所及。如此，将军计未失也。”充国曰：“吾年老矣，爵位已极，岂嫌伐一时事以欺明主哉！兵势，国之大事，当为后法。老臣不以余命壹为陛下明言兵之利害，卒死，谁当复言之者？”卒以其意对。上然其计，罢遣辛武贤归酒泉太守官，充国复为后将军卫尉。

其秋，羌若零、离留、且种、皃库共斩先零大豪犹非、杨玉首，及诸豪弟泽、阳雕、良皃、靡忘皆帅煎巩、黄羝之属四千余人降汉。封若零、弟泽二人为帅众王，离留、且种二人为侯，皃库为君，阳雕为言兵侯，良皃为君，靡忘为献牛君。初置金城属国以处降羌。

诏举可护羌校尉者，时充国病，四府举辛武贤小弟汤。充国遽起奏："汤使酒，不可典蛮夷。不如汤兄临众。"时汤已拜受节，有诏更用临众。后临众病免，五府复举汤，汤数醉䣵羌人，羌人反畔，卒如充国之言。

初，破羌将军武贤在军中时与中郎将卬宴语，卬道："车骑将军张安世始尝不快上，上欲诛之，卬家将军以为安世本持橐簪笔事孝武帝数十年，见谓忠谨，宜全度之。安世用是得免。"及充国还言兵事，武贤罢归故官，深恨，上书告卬泄省中语。卬坐禁止而入至充国莫府司马中乱屯兵，下吏自杀。

充国乞骸骨，赐安车驷马、黄金六十斤，罢就第。朝庭每有四夷大议，常与参兵谋，问筹策焉。年八十六，甘露二年薨，谥曰壮侯。

附　录　二

隋书·裴矩传（节选）

时突厥强盛，都蓝可汗妻大义公主，即宇文氏之女也，由是数为边患。后因公主与从胡私通，长孙晟先发其事，矩请出使说都蓝，显戮宇文氏。上从之。竟如其言，公主见杀。后都蓝与突利可汗构难，屡犯亭鄣，诏太平公史万岁为行军总管，出定襄道，以矩为行军长史，破达头可汗于塞外。万岁被诛，功竟不录。上以启民可汗初附，令矩抚慰之，还为尚书左丞。其年，文献皇后崩，太常旧无仪注，矩与牛弘据齐礼参定之。转吏部侍郎，名为称职。

炀帝即位，营建东都，矩职修府省，九旬而就。时西域诸蕃，多至张掖，与中国交市。帝令矩掌其事。矩知帝方勤远略，诸商胡至者，矩诱令言其国俗山川险易，撰《西域图记》三卷，入朝奏之。其序曰：

臣闻禹定九州，导河不逾积石，秦兼六国，设防止及临洮。故知西胡杂种，僻居遐裔，礼教之所不及，书典之所罕传。自汉氏兴基，开拓河右，始称名号者，有三十六国，其后分立，乃五十五王。仍置校尉、都护，以存招抚。然叛服不恒，屡经征战。后汉之世，频废此官。虽大宛以来，略知户数，而诸国山川未有名目。至如姓氏风土，服章物产，全无纂录，世所弗闻。复以春秋递谢，年代久远，兼并诛讨，互有兴亡。或地是故邦，改从今号，或人非旧类，因袭昔名。兼复部民交错，封疆移改，戎狄音殊，事难穷验。于阗之北，葱岭以东，考于前史，三十余国。其后更相屠灭，仅有十存。自余沦没，扫地俱尽，空有丘墟，不可记识。

皇上膺天育物，无隔华夷，率土黔黎，莫不慕化。风行所及，日入以来，职贡皆通，无远不至。臣既因抚纳，监知关市，寻讨书传，访采胡人，或有所疑，即详众口。依其本国服饰仪形，王及庶人，各显容止，即丹青模写，为《西域图记》，共成三卷，合四十四国。仍别造地图，穷其要害。从西顷以去，北海之南，纵横所亘，将二万里。谅由富商大贾，周游经涉，故诸国之事罔不遍知。复有幽荒远地，卒访难晓，不可凭虚，是以致阙。而二汉相踵，西域为传，户民数十，即称国王，徒有名号，乃乖其实。今者所编，皆余千户，利尽西海，多产珍异。其山居之属，非有国名，及部落小者，多亦不载。

发自敦煌，至于西海，凡为三道，各有襟带。北道从伊吾，经蒲类海铁勒部，突厥可汗庭，度北流河水，至拂菻国，达于西海。其中道从高昌，焉耆，龟兹，疏勒，度葱岭，又经钹汗，苏对沙那国，康国，曹国，何国，大、小安国，穆国，至波斯，达于西海。其南道从鄯善，于阗，朱俱波、喝盘陀，度葱岭，又经护密、吐火罗、挹怛、忛延，漕国，至北婆罗门，达于西海。其三道诸国，亦各自有路，南北交通。其东女国、南婆罗门国等，并随其所往，诸处得达。故知伊吾、高昌、鄯善，并西域之门户也。总凑敦煌，是其咽喉之地。

以国家威德，将士骁雄，泛蒙汜而扬旌，

越昆仑而跃马，易如反掌，何往不至！但突厥、吐浑分领羌胡之国，为其拥遏，故朝贡不通。今并因商人密送诚款，引领翘首，愿为臣妾。圣情含养，泽及普天，服而抚之，务存安辑。故皇华遣使，弗动兵车，诸蕃即从，浑、厥可灭。混一戎夏，其在兹乎！不有所记，无以表威化之远也。

帝大悦，赐物五百段，每日引矩至御坐，亲问西方之事。矩盛言胡中多诸宝物，吐谷浑易可并吞。帝由是甘心，将通西域，四夷经略，咸以委之。

转民部侍郎，未视事，迁黄门侍郎。帝复令矩往张掖，引致西蕃，至者十余国。大业三年，帝有事于恒岳，咸来助祭。帝将巡河右，复令矩往敦煌。矩遣使说高昌王麹伯雅及伊吾吐屯设等，啖以厚利，导使入朝。及帝西巡，次燕支山，高昌王、伊吾设等，及西蕃胡二十七国，谒于道左。皆令佩金玉，被锦罽，焚香奏乐，歌儛諠譟。复令武威、张掖士女盛饰纵观，骑乘填咽，周亘数十里，以示中国之盛。帝见而大悦。竟破吐谷浑，拓地数千里，并遣兵戍之。每岁委输巨亿万计，诸蕃慑惧，朝贡相续。帝谓矩有绥怀之略，进位银青光禄大夫。其冬，帝至东都，矩以蛮夷朝贡者多，讽帝令都下大戏。征四方奇技异艺，陈于端门街，衣锦绮、珥金翠者以十数万。又勒百官及民士女列坐棚阁而纵观焉。皆被服鲜丽，终月乃罢。又令三市店肆皆设帷帐，盛列酒食，遣掌蕃率蛮夷与民贸易，所至之处，悉令邀延就坐，醉饱而散。蛮夷嗟叹，谓中国为神仙。帝称其至诚，顾谓宇文述、牛弘曰："裴矩大识朕意，凡所陈奏，皆朕之成算。未发之顷，矩辄以闻。自非奉国用心，孰能若是！"

帝遣将军薛世雄城伊吾，令矩共往经略。矩讽谕西域诸国曰："天子为蕃人交易悬远，所以城伊吾耳。"咸以为然，不复来竞。及还，赐钱四十万。矩又白状，令反间射匮，潜攻处罗，语在《西突厥传》。后处罗为射匮所迫，竟随使者入朝。帝大悦，赐矩以貂裘及西域珍器。

后记

今天，“丝绸之路话丝绸”系列节目全部播完。来自天南海北的祝贺，让我心中洋溢着满满的幸福，同时，更让我不禁感叹，当下跨地域、跨时区的交流，早已省去了古时跋山涉水的艰辛，点点手指即可传递信息，如此高效、便捷、不费吹灰之力，让我们忘却了时空的距离，也忘却了“距离”曾经给人们带来的困扰。

丝绸之路，正是古时的一段距离。她，用千年丈量时光，用万里丈量跨度，生生不息，历久弥新。她，之所以伟大而无可替代，在于中国丝绸从这里走向世界、造福人类，在于贯通欧亚，推动人类发展进步，更在于这是一条非同寻常、千难万险之路，一条普通人无法征服的坎坷之路。这条险途上的行者，除了带上行囊与货物，还要带上探索的勇气、通达的智慧、过人的胆魄、心中的梦想，否则，便会与这路化为一体，化身茫茫沙漠中的一个“路标”，成为衡量距离的一个“刻度”。

再上《百家讲坛》也是我走过的一条“丝绸之路”，一场心灵的丝路之旅。这是一条探索前行和自我修炼之路。与一个个历史人物擦肩而过，和一位位专家学者谈古论今，让我重识“丝绸之路”及背后深邃的历史意义。做事、做企业、做学问，人生何尝不是一场跋涉？商海沉浮、激流勇进，同样需要勇气、智慧、胆魄和梦想；人生百态、起落浮沉，同样需要坚韧、顽强、乐观和自信。丝路之旅，荒凉和寂寞会摧毁你的意志；反复练习，枯燥和疲劳会动摇你的信念。稍一懈怠，或许跌落山崖，或许前功尽弃。你一定也有过类似的经历，在人生旅途中，体会过什么叫“坚持下来的快乐”，这便是我此刻的快乐。千难万险，是这一程价值所在。回头看，脚印已辨不出轮廓，被风沙掩盖；抬眼望，梦想依然在远方，正熠熠闪光。

新时代，丝绸之路已翻开了新的篇章，开启了新的征程。科学与文化的演进，将人类文明推上了一个前所未有的高度。文明不分优劣，只有封闭的孤立与开放的通达；起步不论早晚，每踏实前进一步，就越靠近美好未来。先人留下的丝路精神，正点亮更多人的梦想、家族梦想、行业梦想、国家梦想，照耀着人类美好的明天。

此刻，无论你正怀揣什么梦想，前行在哪条路上，请千万别抛弃初心和坚韧。走过，努力过，付出过，才是你我一生所得。

李建华

2018 年 5 月 21 日于杭州